LISTE

DE

PIÈCES IMPRIMÉES POUR LA PLUPART

A VENISE

EN 1797

PENDANT L'OCCUPATION FRANÇAISE.

1897

BIBLIOTHÈQUE NATIONALE.

LISTE

DE

PIÈCES IMPRIMÉES POUR LA PLUPART A VENISE

EN 1797

PENDANT L'OCCUPATION FRANÇAISE.

1897

A Bonaparte, liberator di Venezia, sonetti del cittadino G. A. M. — *Venezia, dalle stampe del cittadino G. Zatta*, anno I della libertà italiana, in-8°. Pièce. [8° K. **2681** (33)

A chi no gavesse inteso, discorso di un cittadino in lingua veneziana. — *Venezia*, 1797, in-8°. Pièce. [8° K. **2681** (1)

A Giusticazione (*sic*) del popolo veneziano, discorso di un libero e franco patrioto. — *Venezia*, 1797, in-8°. Pièce. [8° K. **2681** (150)

(Le titre de départ, page 3, porte : *I Peccati dei popoli nascono dai principi.*)

A tutti el suo. — *Venezia, per P. Zerletti*, anno I della libertà veneta, in-8°. Pièce. [8° K. **2681** (2)

Abbate (L') barbaro, che tira a penitenza un' ex-patrizia. — *Venezia, dalle stampe delli cittadini Casali*, 1797, in-8°. Pièce. [8° K. **2681** (3)

Agli Italiani liberi, riflessioni di un cittadino, il giorno 29 fiorile anno V della repubblica francese e I della libertà italiana 18 maggio 1797 S. V. — *(Venezia,) dalle stampe del cittadino G. Zatta*, (s. d.,) in-8°. Pièce. [8° K. **2681** (4)

Aglietti (Francesco). — Discorso recità dal cittadin Francesco Aglietti come membro del comitato d'istruzion della Società patriotica de Venezia al popolo de Muran el zorno dell' erezion dell' albero della libertà li 30 pratile, 18 giugno 1797 V. S. — *(Venezia,) presso G. Pasquali*, anno I della libertà italiana, in-8°. Pièce. [8° K. **2681** (5)

Ajuto reclamato da' popoli dell' Istria, Dalmàzia ed Albania. — *Venezia, dalle stampe delli cittadini Casali*, 1797, in-8°. Pièce. [8° K. **2681** (6)

Al Direttorio esecutivo della republica cisalpina, la municipalità provvisoria di Chioggia. (16 vendemmiatore anno II republicano.) — *(S. l.,)* (s. d.,) in-4°. Pièce.
2 exemplaires. [4° K. **506** (1 et 2)

(Le titre de départ, page 7, porte : *Indicazione dei vantaggi che procura il porto di Chioggia al commercio sopra i tre porti di Goro, Malomocco e Trieste in sicurezza, sollecitudine ed economia.*)

Albertani (Giuseppe). — Eccitamento di un vero patriota sopra l'ultimo scritto delli fratelli Contarini qu. Carlo. (10 giugno 1797.) — *(Venezia,) dalle stampe del cittadino I. Borghi*, (s. d.,) in-8°. Pièce. [8° K. **2681** (124)

(Par Giuseppe Albertani, d'après une note manuscrite.)

Albertani (Giuseppe). — Lettera sopra il piano per l'amministrazione della giustizia civile, comparso alla luce in questi giorni col mezzo della stampa, senza data. (Signé Giuseppe Albertani. [5 giugno 1797.]) — *Venezia, stampata dalli cittadini fratelli Casali, 1797,* in-8°. Pièce.   [8° K. **2681** (192)

Alcune Risposte necessarie per lume di chi legesse il libretto intitolato : Memoria dei fatti e della sventura accaduta à Carlo Contarini nell' anno 1780. — *Venezia, 1797,* in-8°. Pièce.   [8° K. **2681** (7)

Libertà, eguaglianza. **Alla Municipalità** di Venezia il comitato di finanze e zecca cogli aggionti e la commissione alle ricerche francesi. (15 agosto 1797.) — *(S. l.,)* (s. d.,) in-fol. plano plié in-4°.   [4° K. **508** (3)
(A propos de la perception de l'impôt établi le 18 juin 1797 sur les immeubles de Venise.)

Alla Municipalità provisoria di Venezia il comitato di finanze e zecca cogli aggionti e la commissione alle ricerche francesi. — *(S. l.,)* (s. d.,) in-8°. Pièce.   [8° K. **2681** (8)
(Projet de décret pour l'établissement d'un impôt.)

Allegoria che tratta sopra l'ex-repubblica veneta. — *Venezia, per G. Veronesi,* (s. d.,) in-8°. Pièce.   [8° K. **2681** (9)

Amelot de La Houssaye. — Carattere dei Veneziani, articolo tratto dalla « Storia del governo di Venezia », dal cittadino A. M. (Amelot de La Houssaye). — *(Venezia,) dalle stampe del cittadino F. Andreola, 1797,* in-8°. Pièce.   [8° K. **2681** (57)

1797. — *Poschiavo,* in-8°. Pièce.   [8° K. **2681** (58)

Amici (Gli) del vero, dialogo tra Giulio e Roberto, del cittadino F. C. — *(Venezia,) dalle stampe del cittadino G. Zatta, 1797,* in-8°. Pièce.   [8° K. **2681** (10)

Prima parte. L'**Amico** della verità al popolo di Venezia. Seconda parte. Agli aristocratici moribondi. — *(S. l.,)* 1797, in-8°. Pièce.   [8° K. **2681** (11)

Anelli (Angelo). — Il vero Patriota, discorso pronunziato nella sala di pubblica istruzione di Verona, il giorno 14 mietitore l'anno I della libertà italiana ; dal cittadino Angelo Anelli. 2ª edizione. — *Padova, presso P. Brandolese,* 1797, in-8°. Pièce.   [8° K. **2681** (13)

Antonelli (Girolamo). — Al sovrano Popolo di Venezia, l'imparziale cittadino Girolamo Antonelli. — *(Venezia,) dalle stampe del cittadino G. Zatta,* (s. d.,) in-8°. Pièce.   [8° K. **2681** (14)

Armani (Gio.-Battista). — Versi patriottici del libero cittadino Gio.-Battista Armani. — *(S. l.,)* anno I della libertà italiana, in-8°. Pièce.   [8° K. **2681** (15)

Armata d'Italia. Estrato della sentenza data dal consiglio di guerra permanente e sedente a Verona, oggi 18 mietitore, anno V della repubblica francese. — *Ristampata in Venezia, dalle stampe del cittadino Cordella, 1797,* in-8°. Pièce.   [8° K. **2681** (16)

Articoli secreti e convenzione addizionale del trattato di Campo-Formio delli 26 vendemiaire anno VI (37 ottobre 1797). — *(S. l.,) presso G. Storti,* (s. d.,) in-4°. Pièce.   [4° K. **508** (6)
(Bailage zu nr 67 des *Hamb. unpartheiischen Correspondenten.*)

Articoli trà la repubblica francese e la repubblica veneta, firmati in Milano, li 27 floreal, e rattificati dalla veneta provvisoria municipalità. — *(S. l.,)* (s. d.,) in-8°. Pièce.   [8° K. **2681** (17)

Avogadro (Giovanni-Andrea). — La Municipalità provisoria di Venezia. Omelia di Giovanni Andrea Avogadro, vescovo di Verona... recitata in duomo li 7 maggio 1797 V. S. all' occasione d'aver solennemente benedetti i nuovi militari vessilli del popolo veronese. — *(S. l.,) per li figliuoli del qu. Z. A. Pinelli,* (s. d.,) in-8°. Pièce.   [8° K. **2681** (18)

Avvertimenti de un prete venezian ai so concittadini. — *(Venezia,) presso G. Pasquali,* anno I della libertà italiana, in-8°. Pièce.   [8° K. **2681** (19)

Avvertimento al popolo sovrano di un libero cittadino. — *Venezia, dal cittadino P. Sola, 1797,* in-8°. Pièce.   [8° K. **2681** (20)

Avvertimento alla municipalità provisoria di Venezia. — *(Venezia,) dal cittadino P. Sola, stampator*, 1797, in-8°. Pièce.   [8° K. **2681** (21)

Avviso al popolo di un municipalista. — *(S. l.,)* (s. d.,) in-8°. Pièce.   [8° K. **2681** (22)

(Au peuple de Venise.)

Avvocato (L') del popolo, lettera del cittadino A al cittadino B. (10 giugno 1797.) — *Venezia, stampata dalli cittadini fratelli Casali*, 1797, in-8°. Pièce.   [8° K. **2681** (23)

Axur, re d'Ormus, dramma tragicomico in musica da rappresentarsi nel teatro alla Scala l'estate dell'anno 1797, in occasione della festa federativa della repubblica cisalpina. — *Milano, per G.-B. Bianchi*, (s. d.,) in-8°.   [8° K. **2681** (24)

(On lit page 7 : *La musica è del maestro Salieri.*)

Baccinelli (Gaetano). — Le due Statue libere e parlanti, ovvero Dialogo tra i due fratelli che suonan l'ore all' orologio della piazza di Brescia sopranominati i Matti e chiamati da alcuni Battista ed Antonio, del cittadino Gaetano Baccinelli. — *(S. l.,) stampator Vescovi*, 1797, in-8°. Pièce.   [8° K. **2681** (25)

Balbi. — Anacreontica dell' ex-patrizio Balbi all' ex-senatore Savioli a Parigi. — *(S. l.,) stampato dal cittadino Palese*, li 22 messidor anno I della libertà italiana, in-8°. Pièce.   [8° K. **2681** (12)

Balbi (Alessandro). — Inno in onore de' Francesi morti in guerra, e di tutti gli uomini periti per la libertà della patria, del cittadino Alessandro Balbi, dedicato alla Società patriotica di Venezia. — *(S. l.,) stampato dal cittadino Palese*, li 22 messidor anno I della libertà italiana, in-8°. Pièce.   [8° K. **2681** (26)

Balbi (Alessandro). — Memoria patriotica del cittadino Alessandro Balbi a tutta la veneta nazione, che doveva esser diffusa li 11 maggio corrente e che s'impedì che lo fosse. — *(S. l.,)* 1797, in-8°. Pièce.   [8° K. **2681** (27)

Barzoni (Abbé). — Rivoluzione dei Velsci predetta ab antico. — *Parigi, presso i mercanti di novità*, l'anno del mondo 5796, in-12.   [8° K. **2681** (323)

(Par l'abbé Barzoni, d'après Melzi.)

Barzoni (V.). — Orazione per Verona al generale Buonaparte. (Signé : V. Barzoni.) — *(Venezia,) dalle stampe del cittadino F. Andreola*, (s. d.,) in-8°. Pièce.   [8° K. **2681** (251)

Barzoni (Vittorio). — I Romani nella Grecia. Edizione terza. — *Londra, printed by F. Rivington and G. Robinson*, 1797, in-8°.   [8° K. **2681** (324)

(Par Vittorio Barzoni, d'après Melzi.)

Bellune (Victor Perrin, duc de). — [Ordre du général Victor réclamant la suppression du lion de S. Marc. 30 floréal an V.] — *(S. l.,) dalla stamperia Penada*, in-fol. plano plié in-4°.   [4° K. **506** (7)

(En tête de l'affiche notifiant l'ordre, on lit : *Libertà, eguaglianza. In nome del popolo sovrano la municipalità di Padova.*)

Bernadotte. — Intimazione di Bernadotte. — *(S. l.,)* (s. d.,) in-8°. Pièce.   [8° K. **2681** (168)

(A propos de l'occupation d'Ulm par les Autrichiens en violation des clauses du traité de Campo-Formio.)

Bernardi. — Saggio analitico sopra la possibilità di un piano di educazione patriotico-morale conforme a' principj della costituzione, operetta consacrata al genio democratico, dal cittadino parroco Bernardi. — *Vicenza, dal cittadino Rossi*, anno I della libertà, in-8°. Pièce.   [8° K. **2681** (28)

Bettoni (Nicoletto). — Discorso del cittadino Nicoletto Bettoni, pronunciato nella prima sessione della Società patriotica di pubblica istruzione istituita dalla municipalità di Portogruaro... (2 luglio 1797.) — *Udine, per M. Gallici stampatore*, (s. d.,) in-8°. Pièce.   [8° K. **2681** (29)

Boaretti (Abbé Francesco). — Libertà, eguaglianza, democrazia, virtù. Stanze del cittadino abate Francesco Boaretti. — *(Venezia,) presso li eredi Costantini*, 1797, in-12. Pièce.   [8° K. **2681** (30)

Boissy d'Anglas (Cte F.-A. de). — Discorso preliminare del progetto di costituzione per la repubblica francese, pronunziato da Boissi d'Anglas, rappresentante del popolo, in nome della commissione degli undici alla sessione del 5 mietitore l'anno III. — *Venezia, F. Andreola*, 1797, in-8°.   [8° K. **2681** (32)

Bonifacio (Abbé Scipione). — Il Contratto sociale di G.-G. Rousseau e il contratto battesimale di ogni cristiano, del cittadino ab. Scipione Bonifacio. Opuscolo V. — *Venezia, dalle stampe del cittadino G.-B. Negri,* (1797,) in-8º. Pièce.   [8º K. **2681** (38)

Bonifacio (Abbé Scipione). — Li Diritti dell' uomo, li doveri del cittadino e li diretti, e li doveri del cristiano, del cittadino ab. Scipione Bonifacio. Opuscolo II. — *Venezia, dalle stampe del cittadino G.-B. Negri* (1797), in-8º. Pièce.   [8º K. **2681** (35)

Bonifacio (Abbé Scipione). — Errori del Sistema della natura di Mirabaud, compendio, opera postuma di Elvezio, tradotta dal francese e stampata in Venezia dal Costantini, manifesti a suoi concittadini cattolici a tutela della loro religione, dal cittadino ab. Scipione Bonifacio. Opuscolo IV. — *Venezia, dalle stampe del cittadino G.-B. Negri,* (1797,) in-8º. Pièce.   [8º K. **2681** (37)
(On lit page 3 : *Avviso a' buoni cittadini demo-cratici circa la lettura de' libri perniziosi.*)

Bonifacio (Abbé Scipione). — Religione e creanza, disinganno al popolo sovrano che mal conosce la sua sovranità, del cittadino ab. Scipione Bonifacio. Opuscolo I, edizione seconda. — *Venezia, dalle stampe del cittadino G.-A. Curti,* (1797,) in-8º. Pièce.
                [8º K. **2681** (34)

Bonifacio (Abbé Scipione). — La Tirannia e la ribellione. Opuscolo VI dell' ab. Scipione Bonifacio. — *Venezia, dalle stampe del cittadino G.-B. Negri,* (1797,) in-8º. Pièce.
                [8º K. **2681** (39)

Bonifacio (Abbé Scipione). — L'Uomo cittadino democratico, l'uomo vassallo dell' aristocrazia e della monarchia, l'uomo cristiano in ogni stato, del cittadino ab. Scipione Bonifacio. Opuscolo III, con una breve risposta ad una lettera anonima. — *Venezia, dalle stampe del cittadino G.-B. Negri,* (1797,) in-8º. Pièce.   [8º K. **2681** (36)

Bonifacio (Abbé Scipione). — Il Velo squarciato a beneficio dei sedotti accio' si ravvedano... Opuscolo VII, dell' ab. Scipione Bonifacio. — *Venezia,* 1797, in-8º. Pièce.   [8º K. **2681** (40)

Boschetti (Giuseppe). — Relazione di un fatto accaduto in Lupia di Valan, con al cittadino Giuseppe Boschetti abitante in Arzignano. — *Venezia, (dalli cittadini fratelli Casali,)* 1797, in-8º. Pièce   [8º K. **2681** (309)

Bossi (Luigi). — Memoria patriotica sui novellisti, del cittadino Luigi Bossi. (4 giugno 1797.) — *Venezia, per P. Zerletti,* anno II della libertà italiana, in-8º. Pièce.   [8º K. **2681** (41)

Breve Risposta di un cisalpino al transalpino Dumolard. — *Venezia, dalle stampe del cittadino O. Ferrigno,* (s. d.,) in-8º. Pièce.   [8º K. **2681** (42)

Brevi Osservazioni sul manifesto dell' imperatore pubblicato in Capodistria alli 10 giugno 1797. (20 giugno 1797.) — *Venezia, dal cittadino G.-A. Perlini,* anno I della libertà italiana, in-8º. Pièce.   [8º K. **2681** (43)

Brocchi (Giambatista). — Inno alla libertà veneta, del cittadino Giambatista Brocchi. — *(Venezia,) dalle stampe del cittadino G. Zatta,* 1797, in-8º. Pièce.
                [8º K. **2681** (44)

Brune (Général). — Brune, general de brigade, commandant la division Massena, al governo centrale del Padovano e del Polesine, di Rovigo e di Adria. — *Venezia, dalle stampe del cittadino Cordella,* 1797, in-8º. Pièce.
                [8º K. **2681** (45)

Bujovich (Cᵗᵉ Giovanni). — Del Cᵗᵉ Giovanni Bujovich scritti pubblici concernenti lo stato interno di Venezia nei passati mesi d'interregno, più due memorie sopra le finanze e l'agricoltura del vecchio governo. 2ª edizione. — *(S. l.,)* 1797, in-8º.   [8º K. **2681** (46)

Caduta (La) della maschera, foglio novissimo. — *(S. l.,)* (s. d.,) in-4º. Pièce.
                [4º K. **506** (8)

Cagnoli (Antonio). — De' due Orologi italiano e francese, ossia degl' Inconvenienti che nascono dal regolare gli orologi al tramontar del sole, o come anche dicesi, all' « italiana », dissertazione del signor Antonio Cagnoli,... — *Venezia, presso G. Pasquali,* (1797,) in-4º. Pièce.   [4º K. **506** (9)
(Le titre de départ, page 4, porte : *Dissertazione letta all' Accademia di Padova, il dì 14 di giugno del* 1787.)

Cagnoli (Antonio). — Ricordi del cittadino Antonio Cagnoli all' amministrazione centrale. (Verona, 11 luglio 1797.) — *Padova, presso P. Brandolese,* 1797, in-8°. Pièce. [8° K. **2681** (48)

Calura (Bernardo). — Alla veneta nazional Guardia, esortazione di Bernardo Calura. — *(Venezia,) stampato dal cittadino Palese,* li 10 mietitore anno I della libertà italiana, in-8°. Pièce. [8° K. **2681** (49)

Calura (Bernardo). — Estri bellici, di Bernardo Calura. — *(S. l.,)* l'anno I della veneta ricuperata libertà, in-8°. Pièce. [8° K. **2681** (50)

Campanella (La) dell' ex-officio dell' avvogaria. — *Venezia, (dalli cittadini fratelli Casali,)* 1797, in-8°. Pièce. [8° K. **2681** (51)

Canneo (Giacomo). — Riflessioni sopra li poveri di Venezia (ai cittadini membri della municipalità provisoria). (Signé : Giacomo Canneo. [31 maggio 1797.]) — *(Venezia,) nella stamperia Palese,* (s. d.,) in-8°. Pièce. [8° K. **2681** (52)

Canzon (La) dei zentilomeni. — *Verona,* 1797, in-12. Pièce. [8° K. **2681** (53)

Canzone diretta all' eroismo dell' invincibile guerriero, al terribile comandante in capo dell' armata francese in Italia, al generoso, all' immortal Bonaparte, del cittadino O. S.—*(S. l.,)* (s. d.,) in-8°. Pièce. [8° K. **2681** (54)

Canzonetta « Del dispotico potere »... — *(S. l.,)* (s. d.,) in-4°. Pièce. [4° K. **506** (10)

Carte pubbliche stampate ed esposte ne' luoghi più frequentati nella città di Venezia, dal giorno 13 maggio sino alli 16 detto. — *(Venezia,) per li figliuoli Pinelli,* 1797, in-8°. Pièce. 2 exemplaires. [8° K. **2681** (55 et 56)

Casotto (Domenico). — Il cittadino Domenico Casotto, inspettor alli pubblici spettacoli, al popolo sovrano di Venezia, il giorno dell' innalzamento dell' albero della libertà, coro patriotico posto in musica dal cittadino Vittorio Trento ed eseguito dalli cittadini coristi del teatro della Fenice. — *(S. l.,)* (s. d.,) in-fol. plano plié in-4°. [4° K. **506** (11)

Castelli (Girolamo). — Sollecitazione al popolo del patriota Girolamo Castelli, all' albero della libertà eretto in Venezia li 4 giugno 1797. — *(Venezia,)* (s. d.,) in-8°. Pièce. [8° K. **2681** (59)

Castrofilica (Marco-Massimiliano). — Li setti Peccati mortali, titolo e vero ritratto del governo aristocratico. (Signé : il cittadino D. Marco-Massimiliano Castrofilica.) — *(Venezia,) dalla tipografia del cittadino M. Piotto,* 3 giugno 1797, in-4°. Pièce. [4° K. **506** (43)

Catechismo repubblicano per l'istruzione del popolo e la rovina dei tiranni. — *Italia,* l'anno I della libertà italiana, in-16. Pièce. [8° K. **2681** (60)

Catechismo repubblicano, ristampato sopra l'originale di Bologna. — *Venezia, per il cittadino G. Zatta,* 1797, in-16. [8° K. **2681** (61)
(1re partie.)

Causa (La) delle donne, discorso agl' Italiani della cittadina **. — *(Venezia,) presso G. Zorzi,* 1797, in-8°. Pièce. [8° K. **2681** (62)

Cavriani (Federico). — Elementi repubblicani, del cittadino Federico Cavriani. — *Bologna, nella stamperia di J. Marsigli,* 1797, in-8°. [8° K. **2681** (63)

Cesarotti (Melchior). — Il Patriotismo illuminato, omaggio d'un cittadino alla patria. (Par Melchior Cesarotti.) — *Padova, a spese di P. Brandolese,* 1797, in-8°. Pièce. [8° K. **2681** (262)

Chelli (Tommaso). — Panegirico de' SS. martiri Gervasio e Protasio, recitato nella chiesa loro dedicata dal cittadino D. Tommaso dott. Chelli,... — *Venezia, dalle stampe del cittadino A. Santini,* (1797), in-8°. Pièce. [8° K. **2681** (64)

Chi sta bene non si muova, farsa di un sol atto. Edizione quarta. — *Londra,* 1797, in-8°. Pièce. [8° K. **2681** (65)

Cippico (Pietro). — Osservazioni alla « Lettera dell' ex-patrizio », del cittadino Pietro Cippico. — *(Venezia,) dalle stampe del cittadino G. Zatta,* (1797,) in-8°. Pièce. [8° K. **2681** (66)

Cittadini di Portogruaro. (29 maggio 1797.) — *(S. l.,)* (s. d.,) in-4° Pièce.
[4° K. **506** (12)

(A propos du nouveau régime établi par les armées françaises dans les États de Venise.)

Collalto. — Discorso relativo all' innalzamento dell' albero della libertà, del cittadino Collalto. — *(S. l.,)* (s. d.,) in-8°. Pièce.   [8° K. **2681** (67)

Libertà, eguaglianza. In nome della sovranità del popolo. Il **Comitato** di salute pubblica alla municipalità provvisoria. — *(Venezia,) per li Pinelli, Zatta e Pasquali, stampatori del governo,* (s. d.,) in-4°. Pièce.   [4° K. **506** (13)

(Liste de souscription en faveur de l'assistance publique, 1797.)

Libertà, eguaglianza. Il **Comitato** di salute pubblica alla municipalità provvisoria di Venezia.(27 maggio 1797.) — *(S. l.,)* (s. d.,) in-8° Pièce.
[8° K. **2681** (68)

(A propos de la création d'une Société d'instruction publique.)

Libertà, giustizia, eguaglianza. Adi 21 termale anno V della repubblica francese e I della libertà italiana (8 agosto 1797 V. S.) La **Commissione** estraordinaria instituita alla spedizione dei processi criminali del Padovano, Polesine di Rovigo ed Adria... — *Padova, per li fratelli Conzatti,* in-fol. plano, plié in-4°.   [4° K. **506** (14)

(Condamnation à mort de Retento Tommaso Ulassich, dit Placido.)

Compagnoni (Giuseppe). —La Tassa progressiva, riflessioni del cittadino Giuseppe Compagnoni,... — *Ferrara, nella stamperia del governo,* 1797, in-8°. Pièce.   [8° K. **2681** (69)

Compendio delle portentose vittorie riportate dalle invitte armate francesi dal principio della presente guerra fino all' epoca del glorioso ingresso fatto in Milano. — *Venezia, dalle stampe del cittadino Cordella,* 1797, in-8°. Pièce.
[8° K. **2681** (70)

Confessione sincera e veridica fatta da un ex-patrizio all' inferno dinnotante i fasti della sua vita. — *Venezia, dalli cittadini fratelli Casali,* 1797, in-8°. Pièce.   [8° K. **2681** (72)

Congiura (La) delli Querini dalla cà grande di S. Mattio di Rialto e Bajamonte Tiepolo da Sant' Agostino con alcuni Badoeri fu per diverse cause ordinata. — *Venezia, presso il cittadino P. Savioni,* (1797,) in-8°. Pièce.
[8° K. **2681** (73)

Consolazione per chi la vorra' capire, in versi martiliani. — *Venezia, (dalli cittadini fratelli Casali,)* 1797, in-8°. Pièce.   [8° K. **2681** (74)

Constitution de la république française, proposée au peuple français par la convention nationale. — *Paris,* an III, in-8°.   [8° K. **2681** (75)

Contarini (Domenico). — Memoria dei fatti e della sventura accaduta a Carlo Contarini nell' anno 1780, scritta dal cittadino Domenico, suo figlio, e pubblicata dallo stesso in unione al di lui fratello. — *Venezia, nella stamperia Sola,* anno I della libertà italiana, in-8°. Pièce.   [8° K. **2681** (76)

Conti (Antonio). — Discorso del cittadino Antonio Conti, dell' ordine de' minimi di S. Francesco da Paola, recitato nella chiesa di Santa-Sofia, il dì 28 maggio 1797, aprendosi 'n quel giorno la celebrità d'un settenario, prescritto da monsignor patriarca in tutte le chiese della città per implorare da Dio una special protezione alla provvisoria municipalità delli rappresentanti il veneto popolo sovrano. — *Italia, presso il cittadino P. Savioni,* (s. d.,) in-4°. Pièce.   [4° K. **506** (15)

Convenzione stipulata in Montebello presso a Milano, li 5 e 6 giugno 1797, fra il cittadino Bonaparte, general in capo dell' armata francese in Italia, ed il cittadino Faipoult, ministro della repubblica francese presso quella di Genova, e l'eccellentissimo e MM. Michiel' Angelo Cambiasio, Luigi Carbonara e Girolamo Serra, deputati per la repubblica di Genova. — *(Venezia,) dalli cittadini fratelli Casali,* (1797,) in-8°. Pièce.   [8° K. **2681** (77)

Corniani (L.). — All' Autore dell' « Equatore ». L. Corniani. — *(Venezia,) dalle stampe del cittadino F. Andreola,* (s. d.,) in-8°. Pièce.   [8° K. **2681** (78)

Corrispondenza epistolare letteraria e politica. Foglio I (-II). — *(Venezia,) dalla tipografia del cittadino M. Piotto,* 1797, in-8°.   [8° K. **2681** (79)

Costituzione della repubblica cisalpina dell' anno V della repubblica francese. — *Padova, a spese di P. Faccio,* 1797, in-8°.   [8° K. **2681** (81)

Costituzione della repubblica francese una ed indivisibile. — *Italia*, 1797, in-12. [8º K. **2681** (82)

Libertà, eguaglianza. Credo republicano corretto. — *Trovasi stampato a Bolzano*, 16 aprile 1797, in-4º. Pièce. [4º K. **506** (16)

Dandolo. — Discorso fatto dal cittadino Dandolo alla municipalità di Venezia. — *Venezia*, 1797, in-8º. Pièce. [8º K. **2681** (84)

Dandolo. — Partenza dei frati esteri e riforma economica di tuti i conventi a favor del popolo. Libertà, eguaglianza. Il comitato di salute pubblica alla municipalità provvisoria. Dandolo relatore. (30 luglio 1797.) — *(Venezia,) dalle stampe del cittadino G. Zatta*, (s. d.,) in-8º. Pièce. [8º K. **2681** (259)

Dandolo. — Rapporto del cittadino Dandolo alla municipalità provvisoria. (25 agosto anno I della libertà italiana.) — *Venezia, per li Pinelli, Zatta e Pasquali stampatori del governo*, (s. d.,) in-4º. Pièce. [4º K. **506** (17)

(Résultats de la mission envoyée au général Bonaparte pour demander sa protection en faveur de Venise.)

Dandolo. — Rapporto e decreto sopra la minorazione de' prezzi di carnami, vitello, castrato, ec., a favor del popolo decretato dalla municipalità (Dandolo relatore). — *(S. l.,)* (s. d.,) in-8º. Pièce. [8º K. **2681** (304)

Dandolo. — Risposte date dal cittadino Dandolo a due deputazioni presentatesi alla municipalità, una al cittadino patriarca ai cittadini parrochi e clero di Venezia, l'altra ai deputati di Pelestrina e de' popoli vicini. — *(Venezia,) dalle stampe del cittadino G. Zatta*, anno I della libertà italiana, in-8º. Pièce. [8º K. **2681** (87)

Dandolo (Vincenzo). — Due Rapporti del cittadino Vincenzo Dandolo (sullo stato attivo e passivo, commerciale e politico di Venezia, 19 e 25 agosto 1797). — *(S. l.,)* (s. d.,) in-8º. Pièce. [8º K. **2681** (86)

Dandolo (Vincenzo). — Parte del cittadin Dandolo sopra di formaggieri di Venezia. Libertà, eguaglianza. Il cittadino Vincenzo Dandolo alla municipalità. (27 luglio 1797.) — *(Venezia,) dalle stampe del cittadino G. Zatta*, (1797,) in-8º. Pièce. [8º K. **2681** (85)

Debry (Jean). — Discorso di Jean Debry sopra gli affari di Venezia, tradotto dal francese. — *Venezia, dalle stampe del cittadino G. Zatta*, 1797, in-8º. Pièce. [8º K. **2681** (88)

Decadario per l'anno V della repubblica francese, colla dichiarazione de' diritti e doveri dell' uomo e del cittadino, con una tavola delle ore fisse e variabili ad uso de' pubblici uffici e lavori privati. — *Venezia, presso G. Pasquali*, anno I della libertà italiana, in-8º. Pièce. [8º K. **2681** (89)

Deliri di Venezia moribonda, espressi da un cittadino bresciano. — — *(Venezia,) per li cittadini Casali*, anno I della libertà in Italia, in-8º. Pièce. [8º K. **2681** (90)

Descrizione dell' arbore della libertà, del cittadino R. R., per il giorno della sua piantagione, dedicata alla municipalità provvisoria di Venezia. — *Venezia*, 1797, in-8º. Pièce. [8º K. **2681** (91)

Dialogo di Adamo ed Eva, statue che sono sopra la colonna angolare del palazzo in Piazzetta, e guardano l'isola di S. Giorgio e le colonne, e va in seguito della Pasquinata di Marco e Todero. — *(S. l.,)* (s. d.,) in-8º. Pièce. [8º K. **2681** (92)

Dialogo tra Eraclito e Democrito redivivi sulla rivoluzione politica di Venezia. — *(S. l.,)* 1797, in-8º. Pièce. [8º K. **2681** (93)

Dialogo tra i due mori che battono l'ore nell' orologio di Piazza. — *(S. l.,)* (s. d.,) in-8º. Pièce. [8º K. **2681** (94)

Dialogo tra la democrazia e l'aristocrazia, tenuto nella laguna veneta. — *Venezia, per P. Zerletti*, anno I della libertà veneta, (1797,) in-8º. Pièce. [8º K. **2681** (95)

Dialogo tra un vecchio Veneziano ed un forestiere sopra il cambiamento di governo. — *Italia*, anno I della libertà italiana, in-8º. Pièce. [8º K. **2681** (96)

Diavolo (Il) che vi porti agl' inimici della pubblica tranquilità, invetiva dell' autore dell' « Avvocato del popolo ». — *Venezia, stampata dalli cittadini Casali*, 1797, in-8º. Pièce. [8º K. **2681** (97)

Dichiarazione de' diritti e de' doveri dell' uomo e del cittadino. — *(S. l.,)* 1797, in-8°. Pièce. [8° K. **2681** (98)

Diritti (I) e i doveri dell' uomo e del cittadino illustrati dal cittadino E. M. N. — *(S. l.,)* (s. d.,) in-8°. Pièce. [8° K. **2681** (99)

Discorso ai popoli dello Stato veneto. (Venezia, 16 maggio [1797].) — *(S. l.,)* (s. d.,) in-8°. Pièce. [8° K. **2681** (100)

Discorso al bel sesso veneto. — *(Venezia,) dalle stampe del cittadino G. Zatta,* (1797,) in-8°. Pièce. [8° K. **2681** (101)

Discorso al popolo degli autori della « Corrispondenza epistolare letteraria e politica ». Gl' amici della pace, della libertà e dell' eguaglianza. — *(Venezia,) dalla tipografia del cittadino M. Piotto,* 1797, in-8°. Pièce. [8° K. **2681** (102)

Discorso al popolo di Venezia sull' attuale politico cambiamento, del libero cittadino A. F. (26 maggio 1797.) — *Italia,* 1797, in-8°. Pièce. [8° K. **2681** (103)

Discorso al popolo veneto sull' attuale rivoluzione politica, del cittadino F. D. P., li 28 fiorile anno I della libertà italiana. — *Venezia, dalle stampe del cittadino G.-V. Pasquali,* 16 maggio 1797, in-8°. Pièce. [8° K. **2681** (104)

Discorso al popolo veneziano, di un cittadino. — *(S. l.,)* (1797,) in-8°. Pièce. [8° K. **2681** (105)

Discorso dei decaduti aristocratici a tutto l'ora libero popolo di Venezia. *(S. l.,)* 1797, in-8°. Pièce. [8° K. **2681** (106)

Discorso del cittadino F. S. al popolo di Venezia, nel giorno dell' erezione dell' albero di libertà. — *(Venezia,) dalle stampe del cittadino P. Zerletti,* (1797), in-8°. Pièce. [8° K. **2681** (107)

Discorso del cittadino G. R., sacerdote veneto, alla diletta sua patria. — *(Venezia,) presso gli eredi Costantini,* 1797, in-8°. Pièce. [8° K. **2681** (108)

Discorso di tutto il popolo veneto rimesso nella sua legittima democratica libertà, ai decaduti aristocratici. — *(S. l.,)* 1797, in-8°. Pièce. [8° K. **2681** (109)

Discorso di un cittadino di onore. 2ª edizione. — *(S. l.,) anno I della libertà italiana,* in-8°. Pièce. [8° K. **2681** (110)

Discorso di un libero cittadino. — *(S. l.,)* (s. d.,) in-8°. Pièce. [8° K. **2681** (111)

Discorso di un ufficiale patriota ai militari veneti. — *Venezia,* 1797, in-8°. Pièce. [8° K. **2681** (112)

Discorso patriotico diretto al popolo venezian. — *(Venezia,) dalle stampe del cittadino G. Zatta,* (s. d.,) in-8°. Pièce. [8° K. **2681** (113)

Discorso popolare che doveva esser pubblicato nel giorno stesso che s'innalzava l'arbore della libertà in Venezia, e che in vece si è scelto di stampare in questa città di Padova sul dubbio che colà non si permetesse la stampa. Un cittadino veneziano. — *(S. l.,)* (s. d.,) in-8°. Pièce. [8° K. **2681** (114)

Discorso pronunziato nell' Accademia di pubblica istruzione sopra l'articolo XXVI del piano d'organizzazione provisoria civile e criminale. Ordine del giorno 23 pratile anno primo della libertà italiana. — *(S. l.,)* (1797,) in-8°. Pièce. [8° K. **2681** (115)

Discorso recitato al popolo dal cittadino sacerdote G. G. P., al compirsi del settenario comandato da monsignor patriarca. — *Venezia, stampata dalli cittadini fratelli Casali,* 1797, in-8°. Pièce. [8° K. **2681** (116)

Discorso sopra i divorzii veneti. — *Venezia, nella stamperia valvasense,* (1797,) in-8°. Pièce. [8° K. **2681** (117)

Disinganno (Il) dell' ex-patrizio alla municipalità di Venezia... (Signé : Il cittadino libero G. B. S.) — *Venezia, stampata dalli cittadini fratelli Casali,* 1797, in-8°. Pièce. [8° K. **2681** (118)

Documenti d'un libero cittadino alla veneta municipalità provisoria. — *Italia,* 1797, in-8°. Pièce. [8° K. **2681** (119)

Dottrina repubblicana, l'anno primo della veneta ristaurazione. — *Venezia,* (s. d.,) in-8°. Pièce. [8° K. **2681** (120)

Du Pré (Francesco). — Riflessioni sulle circostanze passate, presenti e future del popolo veneziano, del cittadino Francesco Du Pré,... — *Venezia, dalle stampe del cittadino G. V. Pasquali,* (1797,) in-8°. Pièce.
[8° K. **2681** (121)

Eccitamento del cittadino G. D. B. al sovrano popolo di Venezia. — *Venezia,* 1797, in-8°. Pièce.
[8° K. **2681** (122)

Eccitamento di un cittadino ecclesiastico alla guardia civica veneta, nuovamente instituita e montata per la prima volta nella gran piazza, nel giorno 14 luglio 1797. — *(S. l.,) dalle stampe del cittadino I. Borghi,* (s. d.,) in-8°. Pièce. [8° K. **2681** (123)

Elogio di Napolione Bonaparte. Edizione prima veneta. — *(S. l.,)* 1797, in-8°. Pièce. [8° K. **2681** (126)
(Le titre de départ, page 5, porte : *A Bonaparte, generale in capo dell' armata d'Italia della repubblica francese.*)

Erizzo (Cte Nicolò-Guido). — Lettera ingenua ad un amico, in cui viene descritto l'avvenimento della distruzione del veneto governo aristocratico. (20 novembre 1797.) — *Zurich,* 1797, in-12. [8° K. **2681** (188)
(Par le Cte Nicolò-Guido Erizzo, d'après Melzi.)

Esatto Diario di quanto è successo dalli 2 sino a 17 maggio 1797, nella caduta della veneta aristocratica repubblica unitamente al trattato di pace stipulato fra la medesima e la repubblica francese. — *Basilea,* 1797, in-8°.
[8° K. **2681** (128)

Eschassériaux (Jos.) aîné. — Degl' Interessi della repubblica francese e di tutte le potenze d'Europa, dissertazione del cittadino Echassériaux il maggiore. — *Vicenza, dal cittadino G.-B. Vendramini Mosca,* 1797, in-16. Pièce.
[8° K. **2681** (125)

Esequie (L') del Foro veneto, osservazioni dell' autore dell' « Avvocato del popolo ». — *Venezia, (dalli cittadini fratelli Casali,)* 1797, in-8°. Pièce.
[8° K. **2681** (129)

Esposizione dei pregiudizii popolari, e confutazione e convincimento dei medesimi, scritto d'interesse e avvantaggio commune, del cittadino G. Z. — *Venezia, nella stamperia valvasense,* 1797, in-8°. Pièce.   [8° K. **2681** (131)

Esposizione di fatti e raggioni del popolo di Roma, e manifesto alla repubblica d'Italia, presentati al generale Bonaparte. (Signé : I cittadini di Roma.) — *(S. l.,)* anno I dell' italiana rigenerazione, in-8°. Pièce.
[8° K. **2681** (130)

Facile Istruzione al popolo di un cittadino religioso. — *(S. l.,)* (1797,) in-8°. Pièce.   [8° K. **2681** (132)

Fanello (Matteo). — Notizie istorico-geografiche di Murano, città negli estuarj veneti. — *Venezia, dalle stampe di A. Rosa,* 1797, in-16.
[8° K. **2681** (232)
(La dédicace à la municipalité provisoire de Murano est signée : *Matteo Fanello.*)

Fano (Marco da). — Ritratto d'una città aristocratica con un elogio alla nazion francese ed al general Bonaparte, del cittadino Marco da Fano. — *Venezia, dalle stampe del cittadino A. Santini,* (1797,) in-8°. Pièce.
[8° K. **2681** (83)

Fantoni (Giovanni). — Ode del cittadino Giovanni Fantoni, da lui composta prima della discesa dei Francesi in Italia, e da lui recitata nella società di pubblica istruzione di Venezia. — *(Venezia,) presso G. Pasquali,* anno I della libertà italiana, in-8°. Pièce.
[8° K. **2681** (133)

Farsetti (Filippo). — Riflessioni presentate dal cittadino Filippo Farsetti, alla municipalità provisoria di Venezia, sulla legge abolitiva de' fedecommessi e maggioraschi. — *Venezia, presso gli eredi Costantini,* 1797, in-8°. Pièce.   [8° K. **2681** (134)

Favola allegorica, le Formiche. — *(S. l.,) dalle stampe del cittadino S. Gatti,* (s. d.,) in-8°. Pièce.
[8° K. **2681** (135)

Favolette piacevoli, ridotte in altrettanti sonetti in vernacolo familiar venezian, da Z. B. B. — *(Venezia,) dal cittadino Costantini,* 1797, in-8°. Pièce.
[8° K. **2681** (136)

Filosofo (Il) legislatore, discorso del cittadino D. P. — *Venezia*, 1797, in-8°.
[8° K. **2681** (137)

Foglio in diffesa delle cinque fiorere che vengono criticate con una canzonetta composta dal citt. D. P., cioè Teresa, Rosina, Anna, Marianna e Anzoletta. — *Venezia, dalle stampe delli cittadini Casali*, anno I della libertà italiana, in-8°. Pièce.
[8° K. **2681** (138)

Foro (Il) veneto, ossia Lettera ad' un Bolognese. (21 aprile 1797.) — *Italia (Bologna)*, anno I della libertà italiana (1797), in-8°. Pièce. [8° K. **2681** (139)

Franklin (Benjamin). — Il buon Uomo Ricciardo e la costituzione di Pensilvania, italianizzati per uso della democratica veneta ristaurazione. — *Venezia*, 1797, in-8°. [8° K. **2681** (47)
(On lit page 5 : *La Scienza del buon uomo Ricciardo Saunders, o facile Maniera onde pagar le pubbliche imposizioni, opuscolo di Beniamin Franklin, tradotto da Bernardo Maria Calura*, et page 26 : *Costituzione della repubblica di Pensilvania, scritta da Beniamino Franklin ed ivi accettata nell' anno 1776, tradotta da Antonio Marcantoni.*)

Galina (La) e i pulesini, fiaba. — *(S. l.,) (s. d.,)* in-8°. Pièce.
[8° K. **2681** (140)

Galvan. — Lettera d'istruzione al popolo, di Galvan. — *Venezia*, 23 maggio 1797, in-8°. Pièce.
[8° K. **2681** (141)

Galvani (Antonio). — Il Foglio di tutti i fogli, del cittadino Antonio Galvani. — *(Venezia,) dalle stampe del cittadino F. Andreola*, 1797, in-12. Pièce.
[8° K. **2681** (144)

Galvani (Antonio). — Venezia ristorata di Galvan, al popolo libero veneziano. Eguaglianza, libertà o morte. — *(S. l.,)* 23 fiorile 1797, in-8°. Pièce.
2 exemplaires. [8° K. **2681** (142 et 143)

Gazette nationale, ou el Moniteur universel, n° 340, décadi, 10 fructidor, l'an V de la république française une et indivisible (dimanche 27 août 1797, v. s.). — *Venise, Curti*, in-8°. Pièce.
[8° K. **2681** (145)

Gennari (Giuseppe). — La Repubblica francese a Padova (28 aprile 1797-20 gennajo 1798), frammenti di una cronaca inedita del ab. Dott. Giuseppe Gennari. — *Padova, tipografia F. Sachetto*, agosto 1873, in-4°.
[4° K. **506** (18)
(Le faux titre porte : *Faustissime Nozze Toffolati. — Marseille. — L'introduction est signée : T.*)

Gentilini (Elisabetta). — Processo fatto dalla cittadina Elisabetta, moglie del cittadino Angelo Gentilini, sopra la sua stessa persona. (30 agosto 1798.) — *(S. l.,) (s. d.,)* in-8°. Pièce.
[8° K. **2681** (146 *bis*)

Gentilini (Gio.-Battista). — Processo fatto da Gio.-Battista Gentilini, arciprete e V. F. di Lonato, sopra la sua stessa persona. (3 agosto 1798.) — *(S. l.,) (s. d.,)* in-8°. Pièce.
[8° K. **2681** (146)

Gherardini (Iseppo). — Venezia rinata, ossia Democrito. (Signé : Iseppo Gherardini.) — *Venezia, (dalli cittadini fratelli Casali,)* 1797, in-8°. Pièce.
[8° K. **2681** (370)

Giorno (Il) fortunato, dell' autore dell' « Avvocato del popolo ». — *Venezia, stampata dalli cittadini fratelli Casali*, 1797, in-8°. Pièce.
[8° K. **2681** (147)

Giulianati. — La Municipalità di Adria al suo popolo sovrano, letta dal secretario Giulianati, li 3 giugno 1797 v. s., all' occasione della pubblica riduzione del popolo di Adria. — *(S. l.,)* (s. d.,) in-8°. Pièce. [8° K. **2681** (222)

(S. d.) — *Venezia, A. Rosa*, in-8°. Pièce. [8° K. **2681** (221)

Giuliani (Giuseppe Andrea). — Lettera al cittadino Bonaparte, generale in capo dell' armata francese in Italia, del cittadino Giuseppe Andrea Giuliani, membro del comitato di salute pubblica di Venezia. — *(Venezia,) dalle stampe del cittadino G. Zatta*, (1797,) in-8°. Pièce. [8° K. **2681** (148)

Giustificazione colli fatti approvata, di un ex-patrizio al popolo di Venezia. — *(S. l.,) nella stamperia di P. Gatti*, l'anno I della libertà italiana, in-8°. Pièce. [8° K. **2681** (149)

Gloria (La) dei Pollastri, opera scritta da dotta penna. — *(S. l.,)* (s. d.,) in-8°. Pièce. [8° K. **2681** (151)

Governo centrale del Trevigiano-Coneglianese. Organizzazione provisionale giudiciaria, civile e criminale, configurazione provvisoria dei cantoni, e collocazione dei tribunali e giudici di pace. — *Treviso, dalle stampe di A. Paluello*, 1797, in-8°. Pièce.
[8° K. **2681** (152)

Grapputo (Tommaso). — Discorso del cittadino Tommaso Grapputo, che dovevasi recitare in pubblico nell' atto ch'egli era per appendere il suo qui sottoposto sonetto all' albero della libertà, come di fatto eseguì. — *Venezia, D. Fracasso*, (s. d.,) in-8°. Pièce.
[8° K. **2681** (153)

Grasso (Tiberio). — Comandamento sul metodo dell' antico governo. (Signé : Tiberio Grasso. [29 maggio 1797.]) — *(S. l.,)* (s. d.,) in-4°. Pièce.
[4° K. **506** (19)

Graziani (Giovanni). — Riflessioni sul presente ordine di cose, del cittadino Giovanni Graziani. — *(Venezia,) nella stamparia Milocco*, 1797, in-8°. Pièce.
[8° K. **2681** (154)

Grégoire, patriarche de Constantinople. — Breve del santiss. patriarca ecumenico di Costantinopoli (Gregorio), mandato alle isole ex venete del Levante. Traduzione dal greco. 1798. — *(S. l.,)* (s. d.,) in-8°. Pièce.
[8° K. **2681** (41 *bis*)

Greppi (Giovanni). — Alla Gioventù italiana dell' uno e dell' altro sesso. Inno patriotico popolare, composto per commissione della Società d'istruzione modanese, dal cittadino Giovanni Greppi,... — *(Venezia,) dalle stampe del cittadino G. Zatta*, (1797,) in-8°. Pièce.
[8° K. **2681** (155)

Hèlian (Louis). — Arringa di Luigi Hèlian, ambasciatore di Francia, contro i Veneziani, pronunziata alla dieta di Ausburgo, l'anno 1510. — *(Venezia,) dalle stampe del cittadino Zatta*, anno I della libertà italiana, in-8°. Pièce.
[8° K. **2681** (156)

Helvétius. — Vero Senso del sistema della natura, opera postuma di Elvezio, tradotta in italiano da Carlo Barrelle,... — *Milano, presso C. Civati*, anno I della libertà italiana, in-8°.
[8° K. **2681** (127)

Impostura (L') smascherata dal fatto e dalla verità, ragionamento libero. — *Venezia, presso A. Dal Fabro*, 1797, in-8°. Pièce.
[8° K. **2681** (157)

Inchiostro (Angelo). — Sant' Apollinare. Ai diletti cittadini suoi parrocciani, Angelo Inchiostro, parrocco, nel giorno della Pentecoste li 4 giugno 1797. — *Venezia, presso G. Zorzi*, anno I libertà italiana, in-8°. Pièce.
[8° K. **2681** (158)

Ingiustizie del fu magistrato dei inquisitori di Stato. (Signé : il cittadino A. C.) — *(Venezia,) dalle stampe del cittadino F. Andreola*, (1797,) in-8°. Pièce.
[8° K. **2681** (159)

Ingiustizie del fu magistrato del mobile. — *(Venezia,) dalle stampe del cittadino F. Andreola*, (1797,) in-8°. Pièce.
[8° K. **2681** (160)

Ingiustizie (L') dell' ex-avvogador Corner, sopranominato Campanella. — — *Venezia, (dalli cittadini fratelli Casali,)* 1797, in-8°. Pièce.
[8° K. **2681** (161)

Ingiustizie, ossia Discorso sopra gli ex-avogadori. — *(Venezia,) nella stamperia valvasense*, (1797,) in-8°. Pièce.
[8° K. **2681** (162)

Inno alla libertà. — *(S. l.,)* (s. d.,) in-8°. Pièce.
[8° K. **2681** (164)

Inno patriotico all' albero della libertà piantato in Venezia, il dì 4 giugno 1797, anno I della libertà italiana. — *(S. l.,)* (s. d.,) in-8°. Pièce.
[8° K. **2681** (163)

Inno patriotico alla libertà. — *(Venezia,) dalle stampe del cittadino G. Zatta*, anno I della libertà italiana, in-8°. Pièce.
[8° K. **2681** (165)

Inno patriotico per il primo battaglione della terza brigata della guardia nazionale veneziana, al cittadino Matteo Compagni, capo del battaglion e comandante provvisorio della terza brigata sudetta, dedicato alla municipalità provvisoria di Venezia. — *(S. l.,)* (s. d.,) in-4°. Pièce.
[8° K. **506** (20)
(Imprimé sur soie.)

Inno patriotico, sull' aria : « Allons, enfans della patrie », con due sonetti, il primo di autore ignoto sopra l'ombra di Brutto, l'altro del cittadino Gio. Pindemonte sopra la libertà. — *Padova, per C. Conzatti*, 1797, in-8°. Pièce.
[8° K. **2681** (166)

Ino patriotico per el zorno dell' inalzamento dell' albero della libertà. — *(Venezia,)* (1797,) in-8°. Pièce.

[8° K. **2681** (167)

Ipocresia (L') smascherada in versi, poesia di anonimo autore, in lingua veneziana. — *Venezia, dalli cittadini fratelli Casali,* 1797, in-8°. Pièce.

[8° K. **2681** (169)

Istoria veneziana o sia parlata al popolo nella so lengua, del cittadino P. C. — *(S. l.,)* (s. d.,) in-8°. Pièce.

[8° K. **2681** (170)

Istruzion popolare sull' orologio oltramontano ossia francese. — *Padova, a spese di P. Brandolese,* 1797, in-4°. Pièce.

[4° K. **506** (21)

Istruzione al popolo di Venezia. — *Italia (Venezia),* 1797, in-8°. Pièce.

[8° K. **2681** (171)

(N°s 1 et 2.)

Istruzioni d'una libera cittadinà alle sue concittadine. — *(S. l.,) dalle stampe del cittadino A. Martini,* (s. d.,) in-8°. Pièce.   [8° K. **2681** (173)

Italia (L') addormentata e scossa alla venuta dei Francesi, poemetto scritto dell' autore nel 1797, nel mentre che si stava trattando la pace di Campo Formio. — *(S. l.,)* (s. d.,) in-4°. Pièce.

[4° K. **506** (22)

(Paginé 99-124.)

Khevenhüller (Cte de). — Massime di guerra relative alla guerra di campagna e a quella degli assedii, del co. di Keuenhüller... tradotte dal tedesco dal barone di Sinclaire,... e dal francese dal cittadino Gaetano Carli. (4 giugno 1797.) — *Venezia, per P. Zerletti,* (1797,) in-12.   [8° K. **2681** (174)

Krieg (Général). — Istruzione elementare ad uso de' giovani guerrieri repubblicani francesi nell' armi d'infanteria, scritta da un militare loro fratello d'armi, e stampata d'ordine del ministro della guerra, tradotta a comodo de' militari italiani. — *Padova, a spese di P. Brandolese,* 1797, in-12.

[8° K. **2681** (172)

(On, lit à la fin : *Presentato al ministro della guerra, li 25 fiorile dell' anno IV repubblicano, dal generale di divisione Krieg.)*

La Chabeaussière. — Catéchisme français, ou Principes de philosophie, de morale et de politique républicaine, à l'usage des écoles primaires, par La Chabeaussière. 3e édition. — *A Paris, chez Du Font, et à Ferrare, chez F. Pomatelli,* an V de la république, in-8°. Pièce.   [8° K. **2681** (175)

Laubert. — Relazione sulla condotta tenuta dai Romani verso i Francesi, dall' epoca della pace di Tolentino fino al giorno d'oggi, pubblicata dal cittadino Laubert. — *(Venezia,) dalle stampe del cittadino G. Zatta,* anno I della libertà italiana, in-8°. Pièce.

[8° K. **2681** (176)

Leggi organiche della Società d'istruzione pubblica di Venezia. — *(S. l.,)* (s. d.,) in-8°. Pièce. [8° K. **2681** (177)

Leoni (Raimondo). — Vera Idea della libertà e della uguaglianza, ai popoli liberi d'Italia e a quelli che amano sottrarsi al giogo del dispotismo, del cittadino avvocato Raimondo Leoni. — *Bologna, per le stampe di J. Marsigli,* 1797, in-8°.   [8° K. **2681** (178)

Lettera ad un amico di Costantinopoli sugli attuali pericoli del Turco. (3 luglio 1797.) — *Venezia,* 1797, in-12. Pièce.   [8° K. **2681** (179)

Lettera agli amici del cittadino deffendente Bidasio, sopra l'offerta fatta dal territorio bergamasco al senato veneto nel maggio 1796. — *In Venezia,* (s. d.,) in-8°. Pièce. [8° K. **2681** (180)

Lettera all' autore dell' « Avvertimento alla municipalità provisoria di Venezia ». — *(S. l.,)* (s. d.,) in-16. Pièce.   [8° K. **2681** (182)

(Suivi de : *Allo scrittore della Lettera diretta all' autore dell' « Avvertimento alla municipalità provisoria di Venezia ».* — La seconde lettre est datée du 12 juin 1797.)

Lettera apologetica del cittadino L. P. sul presente sistema. — *Venezia,* 13 giugno 1797, in-8°. Pièce.

[8° K. **2681** (181)

Lettera che viene da Milano dell' ordine che ha da il generale in capo Buonaparte a tutti i capi di famiglia. — *Venezia, dalle stampe del cittadino Cordella,* 1797, in-8°. Pièce.

[8° K. **2681** (183)

Lettera d'un uomo ch' ha il senso comune all' ex-uomo estensore della « Gazzeta Graziozi ». — *(Venezia,) stampata dalli cittadini fratelli Casali*, (1797,) in-8°. Pièce.   [8° K. **2681** (187)

Lettera del cittadino C. al cittadino A., intitolato avvocato del popolo. — *(Venezia,) dalle stampe del cittadino F. Andreola*, (1797,) in-8°. Pièce.
    [8° K. **2681** (184)

Lettera del cittadino V. G. B. alla nazione dalmata. — *Venezia, stampata per li cittadini fratelli Casali*, 1797, in-8°. Pièce.   [8° K. **2681** (185)

Lettera di un cittadino amico del governo democratico, scritta alla municipalità provisoria di Venezia... (Signé : Il cittadino N. N.) — *(S. l.,)* (s. d.,) in-8°. Pièce.
    2 exemplaires. [8° K. **2681** (185 *bis* et 185 *ter*)

Lettera di un cittadino libero cispadano ad uno di Padova, e sua risposta. (Maggio 1797.) — *A S. Lorenzo, per li fratelli Conzatti*, (s. d.,) in-8°. Pièce.   [8° K. **2681** (186)

Lettera ingenua di un osservatore imparziale, scritta sopra uno scoglio della veneta laguna non fraternizzato, ad un municipalistà della Terra-Ferma. 2ª edizione, corretta e migliorata. — *Venezia, dalle stampe del cittadino A. Santini*, (1797,) in-12. Pièce.
    [8° K. **2681** (189)

Lettera scritta da un ex-patrizio alla municipalità provvisoria di Venezia, e risposta di un cittadino. — *(Venezia,) dal cittadino Alessandri*, 1797, in-8°. Pièce.   [8° K. **2681** (191)

Lettera scritta da' Bergamaschi al senato di Venezia. Con una pastoral di monsignor vescovo di Brescia (Gio.-Pietro Dolfin). Con tre atti : Il papa con tutti i cardinali. (15 marzo 1797.) — *(S. l.,)* 1797, in-8°. Pièce.
    [8° K. **2681** (190)

Lezioni republicane per i fanciulli, e massime patriotiche per gli adulti, con un compendio storico su la nazion francese e la sua rivoluzione. — *Milano, Ranza*, anno I della libertà d'Italia, in-12.   [8° K. **2681** (193)

Libertà ed uguaglianza dimostrata e difesa dalla ragione e dal vangelo, pensieri diretti dal cittadino P. A. I. a' suoi concittadini veneziani a maggiore persuasione dell' adottata democrazia. Vi si aggiunge in fine un sonetto in lode del generalissimo Bonaparte e due poesie democratiche. — *Venezia*, 1797, in-8°. Pièce.   [8° K. **2681** (194)

Libertà, virtù, eguaglianza sostenute dall'etica e dalla cristiana morale, del cittadino parroco di N. N., non che l'origine ed i progressi del veneto clero. — *(S. l.,) stampato dal cittadino Palese*, (s. d.,) in-8°. Pièce.
    [8° K. **2681** (195)

Mallet Du Pan. — Considerazioni sopra la natura della rivoluzione di Francia e sopra le cause che ne prolungano la durazione, di M. Mallet Du Pan. (4 agosto 1793.) — *Cosmopoli*, 1797, in-8°.   [8° K. **2681** (196)

Mallet Du Pan. — Le due Lettere di Mallet Du Pan, scritte a un membro del corpo legislativo su la dichiarazione di guerra contro le due repubbliche di Venezia e di Genova. (6 giugno 1797.) — *Francfort, J.-P. Streng*, 1797, in-8°. Pièce.   [8° K. **2681** (197)

Mallet Du Pan. — Le famose due Lettere di Mallet Du Pan, scritte ad' un membro del corpo legislativo su la dichiarazione di guerra contro le due repubbliche di Venezia e di Genova. (6 giugno 1797.) — *Venezia, dalle stampe di S. Gatti*, 1797, in-8°. Pièce.
    [8° K. **2681** (198)

Mallet Du Pan. — Lettere di Mallet Du Pan (sulla dichiarazione di guerra alla repubblica veneta e sopra la rivoluzione attuale di Genova). — *Londra*, 1797, in-12. Pièce.
    [8° K. **2681** (199)

Maniago. — Ai Grandi di Venezia il cittadino Maniago. — *Venezia, presso G. Pasquali*, 1797, in-8°. Pièce.
    [8° K. **2681** (200)

Maniago. — Ai Mediocri di Venezia il cittadino Maniago. — *Venezia, presso G. Pasquali*, 1797, in-8°. Pièce.
    [8° K. **2681** (201)

Maniago. — Ai Poveri di Venezia, del cittadino Maniago. — *Venezia, presso G. Pasquali*, 1797, in-8°. Pièce.
    [8° K. **2681** (202)

Maniago. — Al Popolo di Venezia il cittadino Maniago. — *Venezia, presso il cittadino G. Pasquali*, 1797, in-8°. Pièce.   [8° K. **2681** (203)

Manin. — Osservazioni del cittadino Manin sopra le regole e discipline per l'amministrazione della giustizia civile adottate dalla municipalità provisoria di Venezia, con il decreto 22 mietitore. — *(S. l.,) dal cittadino M. Piotto*, (1797,) in-8°. Pièce.   [8° K. **2681** (204)

Manin. — Sopra le Arti di vittuarie, disertazione (*sic*) del cittadino Manin. — *(S. l.,) dal cittadino M. Piotto*, (1797,) in-8°. Pièce.   [8° K. **2681** (206)

Manin (Pietro). — Riflessioni del cittadino Manin sopra la progettata abolizione delle arti, dirette al cittadino municipalista Isaac Grego. — *(Venezia,) dal cittadino M. Piotto*, (1797,) in-8°. Pièce.   [8° K. **2681** (205)

Marin (Girolamo). — Il Clero vindicato, ossia Risposta alla lettera di D. Candido Schietti, diretta specialmente a' cittadini religiosi, del cittadino Girolamo Marin. — *Venezia, per li eredi Costantini*, (s. d.,) in-8°. Pièce.   [8° K. **2681** (207)

Marino Bocconio e Bajamonte Tiepolo al popolo sovrano di Venezia. — *Venezia, (dalli fratelli Casali,)* 1797, in-8°. Pièce.   [8° K. **2681** (31)

Massa. — Discorso del cittadino Massa, pronunciato nel giorno 4 giugno alla Società di pubblica istruzione... — *(Venezia,) dalle stampe del cittadino G. Zatta*, (1797,) in-8°. Pièce.   [8° K. **2681** (208)

Massime preliminari ad un libro che avrà per titolo : « la Filosofia trionfante, o sia l'unico Piano di far tutti contenti con verità e sicurezza », dell' ex-nobile cittadino A. G. Z. M. M. di L. F. — *Venezia, (dalli cittadini fratelli Casali,)* 1797, in-8°. Pièce.   [8° K. **2681** (209)

Matinée (La) de Paris, ou la Toilette de Mme la duchesse de ***, dialogue... — *A Paris, et se trouve à Venise chez les principaux libraires*, 1797, in-8°.   [8° K. **2681** (210)

Mattusio. — Li Perucconi falliti, cicalata. (Signé : Mattusio.) — *(S. l.,)* (s. d.,) in-8°. Pièce.   [8° K. **2681** (267)

Medini (Luigi). — Discorso del cittadino Luigi Medini. — *(S. l.,)* (s. d.,) in-8°. Pièce.   [8° K. **2681** (211)

Medun (Pietro). — Summario istorico giustificativo della condotta del cittadino Pietro Medun, console in Alger. — *Venezia*, 1797, in-8°. Pièce.   [8° K. **2681** (212)

Memoria patriotica d'un cittadino del Zante alla sua patria ed altre isole del Levante. — *(S. l.,)* (s. d.,) in-8°. Pièce.   [8° K. **2681** (213)

(Grec-italien.)

Memorie di Bajamonte Tiepolo in occasione delle solenni pubbliche esequie. — *(S. l.,) dalle stampe del cittadino I. Borghi*, (s. d.,) in-16. Pièce.   [8° K. **2681** (358)

Memorie ultime di Pietro Antonio Gratarol, co i documenti della di lui morte e dell' ingiustizia del fisco veneto verso la di lui famiglia, per servire di supplemento alla « Narrazione apologetica » del medesimo autore. — *Venezia, per G. Zatta*, 1797, in-8°.   [8° K. **2681** (214)

Mengotti (Francesco). — Istruzione al popolo libero di Venezia, pronunziata il dì 17 maggio, dal cittadino Francesco Mengotti, membro della municipalità veneta. — *(S. l.,) per li figliouoli del qu. Z.-A. Pinelli*, (s. d.,) in-8°. Pièce.   [8° K. **2681** (215)

Mocenigo (Pietro). — Lettera presentata li 28 maggio 1797 al comitato di salute pubblica, dal cittadino Pietro Mocenigo. — *(S. l.,)* (s. d.,) in-16. Pièce.   [8° K. **2681** (216)

Mocenigo (Pietro). — Ritratto del generale in capo dell' armata d'Italia Napolione Bonaparte. (Signé : Pietro Mocenigo.) — *(S. l.,)* (s. d.,) in-fol. plano plié in-4°.   [4° K. **506** (45)

Mocini. — Testamento dell' adriatico leone, scritto dal cittadino Mocini, medico di Lonato. — *(Venezia,) per li cittadini Casali*, anno I della libertà italiana, in-8°. Pièce.   [8° K. **2681** (217)

(1797.) — *(S. l.,) Vescovi*, in-8°. Pièce.   [8° K. **2681** (218)

Morosini (Nicolo). — Lettera apologetica di Nicolo Morosini 4to, patrizio veneto. (29 giugno 1797.) — *(S. l.,)* (s. d.,) in-8o.
2 exemplaires. [8o K. **2681** (219 et 220)

Municipalità di Venezia. Libertà, eguaglianza. In nome della sovranità del popolo. La municipalità provvisoria veneziana... (30 giugno 1797.) — *(S. l.,) per li figliuoli del qu. Z.-A. Pinelli,* in-fol. plano plié in-4o.
[4o K. **506** (26)
(A propos d'une émission de monnaies nouvelles.)

Municipalità di Venezia. Libertà, eguaglianza. In nome della sovranità del popolo. La municipalità provvisoria di Venezia sul rapporto della sua deputazione all' amministrazione generale delle cause pie decreta... (20 novembre 1797.) — *(S. l.,)* (s. d.,) in-4o. Pièce. [4o K. **506** (25)

Libertà, eguaglianza. In nome della sovranità del popolo, la **Municipalità** provisoria di Venezia... (25 agosto 1797.) — *(Venezia,) per li Pinelli, Zatta e Pasquali stampatori del governo,* in-4o. Pièce. [4o K. **506** (24)
(Liste des pièces à produire à l'appui des demandes en exemption d'impôt.)

Libertà, virtù, eguaglianza. La **Municipalità** provvisoria dichiara... (16 maggio 1797.) — *(Venezia,) per li figliuoli del qu. Z.-A. Pinelli,* in-4o. Pièce. [4o K. **506** (23)
(Avis maintenant à leur poste les membres du tribunal civil de Venise malgré la suspension de ce tribunal.)

Municipalità di Venezia. Libertà, eguaglianza. In nome della sovranità del popolo. Alla municipalità provvisoria di Venezia la deputazione dei cinque cogl' aggionti. (21 novembre 1797.) — *(Venezia,) per li Pinelli, Zatta e Pasquali, stampatori del governo,* in-fol. plano plié in-4o. [4o K. **506** (4)
(A propos des décrets de confiscation pris contre les émigrés.)

Nane e Momolo, canzoneta. — *(S. l.,)* (s. d.,) in-8o. Pièce. [8o K. **2681** (223)

Nani (Giovanni). — Pastorale di Giovanni Nani, vescovo di Brescia. — *Vicenza, appresso il cittadino G.-B. Vendramini Mosca,* 1797, in-12. Pièce. [8o K. **2681** (224)

Napoléon Ier. — Armata d'Italia. Libertà, eguaglianza. Al quartier generale di Monbello, il 28 pratile dell' anno 5 della repubblica francese. Bonaparte, generale in capite dell' armata d'Italia... (28 pratile an V.) — *(S. l.,)* (s. d.,) in-8o. Pièce. [8o K. **2681** (226)
(Ordre portant réorganisation de l'administration sur la Terre-Ferme de Venise.)

Napoléon Ier. — Avvis pubblié à Padoue le 23 floréal an V, république française. Manifesto pubblicato in Padova il giorno 12 maggio anno V della repubblica francese, I della libertà italiana. — *(S. l.,)* (s. d.,) in-8o. Pièce. [8o K. **2681** (229)
(On lit à la fin : *Au quartier général de Palma Nova, le 12 floréal an V de la république française, une et indivisible. Signé : Bonaparte.* — Français-italien.)

Napoléon Ier. — Discorso del generalissimo Bonaparte, da lui pronunciato in Como al primo e secondo battaglione della guardia nazionale del dipartimento del Lario, la mattina del giorno 30 pratile. — *Venezia, Fracasso impressore,* 1797, in-8o. Pièce. [8o K. **2681** (228)

Napoléon Ier. — (Ordre du général Bonaparte, daté du 19 prairial an V, portant levée du séquestre sur les biens des nobles vénitiens.) — *(S. l.,)* (s. d.,) in-fol. plano plié in-4o. [4o K. **506** (27)
(En tête de l'affiche notifiant l'ordre on lit : *Liberté, eguaglianza. La municipalità provisoria ordina...* [9 giugno 1797.])

Napoléon Ier. — Repubblica francese. Armata d'Italia. Libertà, eguaglianza. Dal quartier generale di Palma Nuova, li 12 floreal anno V della repubblica francese, una et indivisibile. Primo maggio 1797 v. s. Bonaparte, general in capo dell' armata d'Italia. Manifesto. — *(S. l.,)* (s. d.,) in-8o. Pièce. [8o K. **2681** (227)

Narazione storica, ove si contiene la congiura di Bajamonte Tiepolo, che seguí in Venezia l'anno 1310, diviso in due parti. Parte prima. — *Venezia, nella stamperia Valvasense,* 1797, in-8o. Pièce. [8o K. **2681** (225)

Nodaro (Vindicio Misaristo). — Costituto di risposta annotato per parte e nome del rigenerato popolo di Venezia ad un libretto inscritto : « Discorso, ossia Aggiunta alle cose finora dette », (del cittadino Giacomo Colombina), coll' aggiunta del discorso medesimo. (Signé : Vindicio Misaristo Nodaro.) — *Venezia, stampator Negri,* 8 giugno 1797, in-8o. Pièce. [8o K. **2681** (80)

Non si dice mai abbastanza, lettera di un democratico ad un avanzo di aristocrazia. (Signé : G. A. [30 maggio 1797].) — *(S. l.,)* (s. d.,) in-8º. Pièce.
[8º K. **2681** (230)

Notizie dell' altro mondo. Ai viventi salute. Libertà, virtù, eguaglianza o morte. — *(S. l.,)* (s. d.,) in-8º. Pièce.
[8º K. **2681** (231)
(Pièce à la louange de Bonaparte.)

Novello (Gio.-Battista). — Canzonetta nuova in lode della libertà, virtù, eguaglianza, composta dal cittadino Gio.-Battista Novello. — *Venezia, per S. Cordella*, 1797, in-8º. Pièce.
[8º K. **2681** (233)

Novello (Giambattista). — Nuovo Foglio intitolato : Nuovo Amor, ovvero come devesi far l'amor al giorno d'oggi. (Signé : Giambattista Novello.) — *Venezia, (dalli cittadini fratelli Casali,)* 1797, in-8º. Pièce. [8º K. **2681** (243)

Nuova Composizione in lode della libertà, virtù, eguaglianza, composta dal poeta romano. — *(S. l.,)* (s. d.,) in-8º. Pièce. [8º K. **2681** (246)

Nuovo Foglio degli onori e giuste lodi che danno i Veneziani al generale Serrurier. — *Venezia, dalle stampe del cittadino S. Cordella*, 1797, in-8º. Pièce.
[8º K. **2681** (234)

Nuovo Foglio intitolato : L'Asino che parla, il porco che ride, il villano che tace, il becco si fa far largo, del cittadino D. P. — *Venezia, dalle stampe del cittadino Cordella*, 1797, in-8º. Pièce.
[8º K. **2681** (239)

Nuovo Foglio intitolato : Il Contrasto tra il cane ed il gatto, ossia l'Odio che si portano, al giorno d'oggi, li fratelli, le sorelle e gli amici, del cittadino N. N. — *Venezia, dalle stampe del cittadino Cordella*, 1797, in-8º. Pièce.
[8º K. **2681** (235)

Nuovo Foglio intitolato : Il Costume presente rimproverato, del cittadino B. P. — *(S. l.,) dalle stampe del cittadino F. Bellon*, (1797,) in-8º. Pièce.
[8º K. **2681** (236)

Nuovo Foglio intitolato : La Critica delle fiorere sotto li portici della Piazza, del cittadino D. P. — *(S. l.,)* (s. d.,) in-8º. Pièce. [8º K. **2681** (240)

Nuovo Foglio intitolato : Le Galline spaventate dai galli, o sia il Lamento delle donne del mondo, del cittadino D. P. — *Venezia, dalle stampe del cittadino Cordella*, 1797, in-8º. Pièce.
[8º K. **2681** (242)

Nuovo Foglio intitolato : Il giusto Lamento delle massere, delle cameriete (*sic*) e servitori che fanno co' loro padroni, del cittadino D. P. — *Venezia, dalle stampe del cittadino Cordella*, 1797, in-8º. Pièce. [8º K. **2681** (237)

Nuovo Foglio intitolato : Ingiustizie patenti e chiare dell' amministrazione della giustizia eseguitassi dagli ex-rappresentanti della Terra-Ferma, del cittadino N. N. — *Venezia, dalle stampe del cittadino Cordella*, 1797, in-8º. Pièce. [8º K. **2681** (238)

Nuovo Foglio intitolato : Torniamo a incominciar, canzon con l'intercalare. — *Venezia, (dalli cittadini fratelli Casali,)* 1797, in-8º. Pièce.
[8º K. **2681** (244)

Nuovo Foglio intitolato : Un Cittadino che prende la difesa di Todero, del cittadino D. P. — *Venezia, per il cittadino Cordella*, anno I della libertà italiana, in-8º. Pièce.
[8º K. **2681** (245)

O la Repubblica o la morte. Armata d'Italia. I cittadini della quinta divisione, comandata dal general Joubert, all' armata dell' interno. — *Venezia, dalle stampe del cittadino Cordella*, 1797, in-8º. Pièce.   [8º K. **2681** (247)

Opinione di un libero cittadino sulla nuova istituzione d'un teatro civico. — *Venezia, per il cittadino F. Andreola*, 1797, in-8º. Pièce.   [8º K. **2681** (248)

Opuscolo storico della così chiamata congiura Querini e Tiepolo. — *Venezia, (dal cittadino P. Sola,)* 1797, in-8º. Pièce.   [8º K. **2681** (249)

Ora (L') qᵐ magistrato del mobile di Venezia, discorso al popolo di un buon cittadino, amico dell' umanità. — *(S. l.,)* 1797, in-8º. Pièce.   [8º K. **2681** (250)

Organizzazione del governo provisorio di Brescia. (1 maggio 1797.) — *(S. l.,) dal cittadino Bendiscioli*, 1797, in-8º. Pièce.   [8º K. **2681** (252)

Organizzazione della municipalità provvisoria di Venezia... — *(Venezia,)* *per li figliuoli del qu. Z. Antonio Pinelli, ristampata dal cittadino G. Zatta,* (s. d.,) in-4°. Pièce.   [4° K. **506** (28)

Organizzazione sistematica provvisoria di tutto il dipartimento padovano. — *(S. l.,)* (1797,) in-8°. Pièce.
[8° K. **2681** (253)

(Précédé d'un ordre du général Brune, daté de Padoue le 28 prairial an V.)

Osservazione di un' ex patrizio sopra il pubblico errario, cioé dazj, imposte, doni e tuttocio' concernente lo sbilanzio (impreveduto) della pubblica economia sotto il passato governo. (Signé : G. P.) — *Venezia, presso G. Zorsi,* anno I libertà italiana, in-8°. Pièce.
[8° K. **2681** (254)

Osservazioni sopra la Dalmazia e l'Istria, di un cittadino ingenuo. — *Venezia, dalle stampe di A. Rosa,* 1797, in-8°.   [8° K. **2681** (255)

(Italien-français.)

Osservazioni storico-critiche sopra li xiv secoli di Venezia. — *(S. l.,)* 1797, in-8°.   [8° K. **2681** (255 *bis*)

Palazzi (Francesco). — Riflessioni del libero cittadino Francesco Palazzi. — *Vicenza, dal cittadino B. Paroni,* (s. d.,) in-8°. Pièce. [8° K. **2681** (256)

Paragone dei due orologi oltramontano ed italiano, risposta di D. G. B. Z. ad un suo amico. (22 giugno 1789.) — *Venezia, presso G. Pasquali,* (1797,) in-4°. Pièce.   [4° K. **506** (29)

Paragone della condotta del club reale di Clichy con l'armata repubblicana d'Italia. — *(S. l.,)* (s. d.,) in-4°. Pièce.   [4° K. **506** (30)

Pedagogo (Il). — *(S. l.,)* (s. d.,) in-8°. Pièce.   [8° K. **2681** (263)

Pelleatti (Lorenzo). — Semplici Cenni per qualunque libero giudizio, o sia Epilogo di varie circostanze accadute al cittadino Lorenzo Pelleatti per occasione del sostenuto impiego di giudice al maleficio in Brescia, nel reggimento ex nobil homo Antonio Savorgnan, fu podestà vice capitanio in quella città, dedicati al Dio della verità'. — *Venezia,* 1797, in-8°.
[8° K. **2681** (264)

(Le faux titre porte : *L'Assessore risorto dall' aristocratica oppressione.)*

Pensieri della libera cittadina I. P. M. alle sue concittadine. — *(Venezia,)* *dalle stampe del cittadino G. Zatta,* (1797,) in-8°. Pièce. [8° K. **2681** (265)

Pentimento, confessione e proponimento d'un aristocratico. (Signé : Un libero cittadino.) — *(S. l.,)* 1797, in-8°. Pièce.   [8° K. **2681** (266)

Perulli (Demetrio). — Idea al popolo della libertà ed eguaglianza, del cittadino Demetrio Perulli. — *(S. l.,)* (s. d.,) in-fol. plano plié in-4°.
[4° K. **506** (31)

Pesaro. — Copia di lettera scritta dal K^r Pesaro al sig. Tommaso Gallino a Venezia. — *(S. l.,)* (s. d.,) in-8°. Pièce.
2 exemplaires. [8° K. **2681** (268 et 269)

(Dans le dernier exemplaire la lettre est augmentée d'un post-scriptum et porte la date du 18 juillet 1797.)

Petizione degli onesti patrioti di Venezia al generalissimo Bonaparte perchè sieno puniti i caluniatori della lealtà francese. — *Venezia, stampato dal cittadino Negri,* 31 ottobre 1797, in-8°. Pièce.   [8° K. **2681** (270)

Petizione della moglie e figli di Giovanni Clas al comitato di salute pubblica presentata e registrata al comitato sudetto il giorno 6 giugno 1797. — *Venezia,* 1797, in-8°. Pièce.
[8° K. **2681** (271)

Piano di costituzione per la repubblica cispadana da presentarsi alla accettazione e sanzione del popolo. — *(S. l.,)* 1797, in-8°. [8° K. **2681** (273)

Piano di direzione, disciplina ed economia delle pubbliche scuole elementari di Padova. — *Padova, per li fratelli Penada,* 1797, in-4°. Pièce.
[4° K. **506** (32)

Piano per l'amministrazione della giustizia correzionale e criminale che dopo esaminato e discusso verrà approvato dalla municipalità provisoria veneziana per riportare il suo effeto. — *(Venezia,)* ristampato dal cittadino G. Zatta, (1797,) in-8°. Pièce.
[8° K. **2681** (274)

Piazza (Marco). — Agli Aristocrati inquieti, memoria del cittadino municipalista Marco Piazza. — *Venezia, presso G. Pasquali,* 1797, in-8°. Pièce.
[8° K. **2681** (275)

Piazza (Marco). — Considerazioni del cittadino municipalista Marco Piazza intorno all' erezione d'un monte di pietà in Venezia. — *Venezia, presso G. Pasquali,* (1797,) in-8°. Pièce.
[8° K. **2681** (276)

Piazza (Marco). — Discorso offerto dal cittadino municipalista Marco Piazza al cittadino pressidente per esser letto in risposta di quello del patriarca di Venezia e primate della Dalmazia. — *(Venezia,) dalle stampe del cittadino G. Zatta,* anno I della libertà italiana, in-8°. Pièce.
[8° K. **2681** (278)

Piazza (Marco). — Discorso offerto dal cittadino municipalista Marco Piazza al cittadino pressidente per esser letto in risposta di quello del patriarca di Venezia e primate della Dalmazia. — *(Venezia,) dalle stampe del cittadino F. Andreola,* anno I della libertà italiana, in-8°. Pièce.
[8° K. **2681** (279)

Piazza (Marco). — Idee del cittadino municipalista Marco Piazza sopra la riforma de' costumi in Venezia. — *Venezia, per il cittadino P. Sola,* (s. d.,) in-8°. Pièce.
[8° K. **2681** (280)

Piazza (Marco). — Insinuazione del cittadino municipalista Marco Piazza a' suoi confratelli della municipalità ed al popolo sovrano di Venezia. — *(S. l.,)* (s. d.,) in-8°. Pièce.
[8° K. **2681** (281)

Piazza (Marco). — Istruzione alli liberi cittadini di Venezia del cittadino municipalista Marco Piazza. — *(Venezia,) G. Zatta,* (s. d.,) in-fol. plano plié in-4°.
[4° K. **506** (33)

1797. — *(Venezia,) dalle stampe del cittadino G. Zatta,* in-8°. Pièce.
[8° K. **2681** (282)

Piazza (Marco). — Ricerche del municipalista Marco Piazza intorno alla regenerazione ed al commercio. — *Venezia, dalle stampe del cittadino A. Martini,* 1797, in-8°. Pièce.
[8° K. **2681** (283)

Piazza (Marco). — Saggio sopra l'educazione indirizzato a' padri ed alle madri di famiglia, dal cittadino municipalista Marco Piazza. — *(Venezia,) dalle stampe del cittadino G. Zatta,* 1797, in-8°. Pièce.
[8° K. **2681** (284)

Piccoli (Luigi). — I Pantaloni smascherati, 2ª edizione. (Signé : Luigi Piccoli.) — *In Verona ed in Venezia, per li cittadini Casali,* anno I della libertà italiana, in-8°. Pièce.
[8° K. **2681** (257)

Piccoli (Luigi). — I Pantaloni smascherati. 2ª edizione. (Signé : Luigi Piccoli.) — *(S. l.,) alla stamperia Moroni,* anno I della libertà italiana, in-8°. Pièce.
[8° K. **2681** (258)

Pie VI. — Breve del sommo pontefice a tutti i cattolici di Francia. Le lezioni evangeliche dell' invitto generale Bonaparte hanno ricondotto il santo padre a' principj della primitiva Chiesa, come si può giudicare dal seguente documento. (16 di febbrajo 1797.) — *Padova, per li fratelli Conzatti,* (s. d.,) in-8°. Pièce.
[8° K. **2681** (285)

Pieri (Benetto). — Avviso datto dal cittadino Pieri al popolo di Corfù e paragrafo di sua lettera. — *Venezia, dalle stampe delli cittadini Casali,* 1797, in-8°. Pièce.
[8° K. **2681** (286)

Pieri (Domenico). — Nuovo Foglio intitolato : Le Birbarie de' fu spioni, composto dal cittadino Domenico Pieri. — *Venezia, dalle stampe del cittadino S. Cordella,* 1797, in-8°. Pièce.
[8° K. **2681** (241)

Pieri (Domenico). — Nuovo Foglio intitolato : La *Dies illa,* composto dal cittadino Domenico Pieri. — *Venezia, dalle stampe del cittadino S. Cordella,* anno I della libertà italiana, in-8°. Pièce.
[8° K. **2681** (287)

Pindemonte (Ippolito). — Antonio Foscarini e Teresa Contarini, novella del cittadino Ippolito Pindemonte. 2ª edizione a norma di quella di Napoli dell' anno 1792. — *Venezia, a spese del cittadino Foglierini,* (1797,) in-8°. Pièce.
[8° K. **2681** (288)

Piotto (Andrea). — Le sette Virtù morali contro li sette peccati mortali, titolo e vero ritratto del governo democratico. (Signé : Il cittadino Andrea Piotto.) — *(Venezia,) dalla tipografia del cittadino M. Piotto,* (1797,) in-4°. Pièce.
[4° K. **506** (44)

Piramide (La) politica. — *Venezia, stampata dal cittadino S. Valle,* 1797, in-8°. Pièce.
[8° K. **2681** (289)
(L'adresse, page 5, porte : *Al cittadino N. N. il cittadino P. G. B.*)

Pisani (Giorgio). — (Lettre de Giorgio Pisani, relatant une tentative d'assassinat dont il fut victime près de Caldiero à son retour d'exil, datée de Padoue le 27 mai an Ier de la liberté italienne.) — *(S. l.,)* (s. d.,) in-4°. Pièce.
[4° K. **506** (34)

(En italien.)

Pisani (Paulo). — Discorso pronunziato nella Società di pubblica instruzione dal cittadino Paulo Pisani sopra l'influenza che ha la pubblica, instruzione sul governo. — *(Venezia,) dalle stampe del cittadino G.-A. Perlini,* (s. d.,) in-8°. Pièce.
2 exemplaires. [8° K. **2681** (290 et 291)

Piva (Ant.-Giov.). — Religionis et cleri, necnon civitatis Venetiarum passiones, cum italica explicatione. — *Lugani,* (s. d.,) in-12. Pièce.
[8° K. **2681** (292)
(Par Ant.-Giov. Piva, d'après une note manuscrite confirmée par Melzi.)

Piva (P. Giovanni-Giuseppe). — Le Glorie singolari di S. E. K^r Francesco Pesaro, intimo consigliere di Stato di S. M. I. R. A. e commissario estraordinario di essa S. M. in Venezia e nella Terra-Ferma, orazione in tributo di riconoscenza alla di lui venerata memoria, del veneto sacerdote P. Giovanni-Giuseppe Piva,... — *Venezia, per P. Zerletti,* 1799, in-8°. Pièce.
[8° K. **2681** (293 *bis*)

Plazzoli (Lionardo). — Istruzioni economico-politiche del cittadino Lionardo Plazzoli, tendenti a consolidare il sistema democratico. — *Venezia, presso A. Rosa,* 26 giugno 1797, in-8°. Pièce.
[8° K. **2681** (293)

Popolo (Il) libero di Corfu al cittadino Widman, proveditor generale. — *Venezia, dalle stampe delli cittadini Casali,* anno I della libertà italiana, in-8°. Pièce.
[8° K. **2681** (294)

Profezia ragionata sulla imminente rivoluzione politica di tutte le nazioni d'Europa, dedotta dalle attuali combinazioni della Francia e dalle disposizioni delle altre potenze. — *(Venezia,) dalle stampe del cittadino P. Zerletti,* (1797,) in-8°. Pièce.
[8° K. **2681** (295)

Progetto delli posteri di vitello e castrato alla municipalità provisoria di Venezia. (14 giugno 1797.) — *Venezia, (dalli cittadini fratelli Casali,)* 1797, in-8°. Pièce.
[8° K. **2681** (296)

Progetto delli stampatori delle stampe del foro civile alla municipalità provisoria di Venezia. — *(Venezia,) per il cittadino M. Piotto,* 23 termidore anno I della libertà italiana, in-4°. Pièce.
[4° K. **506** (35)

Prospetto storico-critico del passato governo veneto, da cui si rileva li modi e i mezzi per tener in freno la nobiltà, le massime de' privati e la politica, che adoperava coi sudditi, le sue forze ordinarie con cui operar poteva ; l'estraordinarie : l'armamento, il dinaro, e la necessaria sua dissoluzione. — *Venezia, presso A. Rosa,* 4 luglio 1797, in-8°.
[8° K. **2681** (297)

Quadro del soldato francese, di un libero cittadino. — *(Venezia,) dalle stampe del cittadino G. Zatta,* (1797,) in-8°. Pièce.
[8° K. **2681** (298)

Ragionamenti desunti dall' Evangelio a favore del governo democratico. — *(S. l.,)* 1797, in-8°. Pièce.
[8° K. **2681** (299)

Ragionamento sopra li fideicommissi. — *Venezia, dalle stampe del cittadino G.-A. Curti,* (1797,) in-8°. Pièce.
[8° K. **2681** (300)

Raporto al popolo sovrano di Venezia sopra la condotta e legalità de suoi provisorii rappresentanti, del cittadino A. A. — *Venezia,* 1797, in-8°. Pièce.
[8° K. **2681** (301)

Rapporto d'una festa civica celebrata in Costantinopoli da Francesi e Veneziani riuniti, per la felice rigenerazione di Venezia, scritto in francese e tradotto in italiano dalla cittadina Annetta Vadori, e della medesima presentato alla Società di publica istruzione... (6 messidor an V.) — *(Venezia,) dalle stampe del cittadino G. Zatta,* (s. d.,) in-8°. Pièce.
[8° K. **2681** (303)
(Italien-français.)

Rapporto della commissione alla municipalità di Venezia per l'organizzazione provvisoria di giudicatura civile, correzionale e criminale. — *(S. l.,)* (s. d.,) in-fol. plié in-4°. Pièce.
[4° K. **506** (36)

Rapporto della commissione dei cinque alla municipalità provisoria di Venezia. (30 giugno 1797.) — *(Venezia,) ristampate dalli cittadini fratelli Casali,* (s. d.,) in-8°. Pièce. [8° K. **2681** (302)
(A propos de l'abolition des fidéicommis, droit d'ainesse, majorats, etc.)

Recueil d'hymnes républicains. — *Paris*, an V, in-42. [8° K. **2681** (305)

Réflexions d'un ancien militaire sur les succès prodigieux des armées françaises en général et de celle d'Italie en particulier, où l'on voit la marche des grands événements de la guerre, des notes historiques et politiques relatives, les causes des prodiges opérés par les Français, enfin quelques observations sur les forces navales de la république française à la fin de mai 1797 (première décade de prairial, l'an V de la république française une et indivisible). — *Venise, imp. de M. Fenzo*, (s. d.,) in-8°. [8° K. **2681** (306)

Registro de' nomi di quelli che coprivano nei mesi di aprile e maggio 1797 le cariche ed ufficj i più importanti nel veneto governo a lume della storia di quei giorni. — *(S. l.,)* 1797, in-8°. Pièce. [8° K. **2681** (307)

Regole e discipline adottate dalla municipalità provvisoria di Venezia, da osservarsi per l'amministrazione della giustizia civile di Venezia e suo dipartimento. (10 giugno 1797.) — *(Venezia,) dalle stampe del cittadino G. Zatta*, (s. d.,) in-8°. Pièce. [8° K. **2681** (308)

Armée d'Italie. Liberté, égalité. Au quartier général de Milan, le 1er thermidor an 5e de la république française une et indivisible. **Relation** de la fête célébrée par l'armée de la république française en Italie, à l'occasion de l'anniversaire de la mémorable journée du 14 juillet, époque choisie par le général en chef pour donner aux demi-brigades de l'armée les nouveaux drapeaux qui rappellent les batailles dans lesquelles chacune a concouru à la victoire, et adresses individuelles des soldats et officiers de l'armée à ceux de l'armée de l'intérieur et au directoire exécutif. — *Venezia, stampato dal cittadino G. - B. Negri*, (s. d.,) in-4°. Pièce. [4° K. **506** (5)

Ricchi (Zorzi). — Discorsi pronunciati dal cittadino Zorzi Ricchi li 16, 17 e 19 pratile nella Società patriotica. — *(S. l.,) a spese della Società di pubblica istruzione*, anno I della libertà italiana, in-8°. Pièce. [8° K. **2681** (310)

Ricerche alle povere putte e donne veneziane, del cittadino P. C. — *(S. l.,)* (s. d.,) in-8°. Pièce. [8° K. **2681** (311)

Riflessi d'un libero cittadino alla municipalità provvisoria di Venezia. — *Venezia, dalle stampe di G.-A. Curti*, (1797,) in-8°. Pièce. [8° K. **2681** (312)

Riflessioni di un vecchio militare sopra i prodigiosi successi delle armate francesi in generale, e di quella d'Italia in particolare, traduzione del cittadino Pietro Manin. — *Venezia, dalle stampe dei cittadini Casali*, anno I della libertà italiana, in-8°. [8° K. **2681** (313)

Riflessioni sopra la libertà ed eguaglianza, di un cittadino amico della verità e moderazione. — *Venezia*, anno I della veneta rigenerazione, in-8°. Pièce. [8° K. **2681** (314)

Riflessioni sulla vittuaria del pesce. — *(S. l.,) stampato dal cittadino Palese*, 1797, in-8°. Pièce. [8° K. **2681** (315)

Riforma de' nostri orologi dimostrata ragionevole e comoda. — *Venezia, presso G. Pasquali*, (1797,) in-4°. Pièce. [4° K. **506** (37)

Risposta a quella parlata che ha fatto quel barcariol al popolo vinizian. — *(S. l.,)* (s. d.,) in-8°. Pièce. [8° K. **2681** (316)

Risposta al quesito : Quale dei governi liberi convenga alla felicità dell' Italia ? — *Venezia*, anno I della libertà italiana, in-8°. Pièce. [8° K. **2681** (321)
(La dédicace : *Agli amministratori generali della Lombardia* est signée : *Un Italiano.*)

Risposta alla « Lettera apologettica imparciale per il cittadino Gerolamo Manfrin ». — *Venezia, (dalli cittadini fratelli Casali,)* 1797, in-8°. Pièce. [8° K. **2681** (317)

Risposta alla « Lettera ingenua di un osservatore imparziale », pubblicata per ordine della Società d'istruzione. — *(Venezia,) dalle stampe del cittadino G. Zatta*, (s. d.,) in-8°. Pièce. [8° K. **2681** (318)

Risposta alla lettera venuta dall' inferno, ossia Lamento che fa un' amico dell' ex-patrizio ucciso in Caneva. — *(S. l.,)* (s. d.,) in-8°. Pièce. [8° K. **2681** (319)

Risposta alli « Pensieri della libera cittadina alle sue concitadine ». — *Venezia, stampata dalli cittadini fratelli Casali*, 1797, in-8°. Pièce.
[8° K. **2681** (320)

Rissorsa (La) morale, politica ed economica degli ex nobili veneti. — *(S. l.,)* 1797, in-8°. Pièce.
[8° K. **2681** (322)

Rosa Sicuro (Costantino). — Discorso pronuncia' dal cittadin Costantin Rosa Sicuro in campo a S. Bortolomio. — *(S. l.,)* (s. d.,) in-8°. Pièce.
[8° K. **2681** (325)

Sagredo (Niccolò). — Niccolò Sagredo, per grazia di Dio e della sede appostolica arcivescovo, vescovo di Torcello, alli dilettissimi figli, all' amato nostro gregge. (21 maggio 1797.) — *(S. l.,)* (s. d.,) in-8°. Pièce.
[8° K. **2681** (326)
(Mandement pour recommander l'obéissance au gouvernement provisoire.)

Salimbeni (Sebastiano). — Libertà, eguaglianza. Discorso pronunzià nela sala della Società de publica istruzion dal citadin presidente Sebastian Salimbeni, el zorno 31 magio 1797, anno I della libertà italiana. — *Venezia, dalle stampe del citadino G.-A. Curti*, (1797,) in-8°. Pièce.
[8° K. **2681** (327)

Sanfermo (Général). — Memoria presentata al ministro delle relazioni esteriori della repubblica francese dal ministro di Venezia, cittadino generale Sanfermo, li 18 thermidor anno I della libertà italiana. — *(Venezia,) dalle stampe del cittadino F. Andreola*, (s. d.,) in-4°. Pièce.
[4° K. **506** (38)

Sanfermo (Rocco), **Emilj** (Francesco d'), **Garavetta** (Gio.-Battista). — Lettera scritta nel castello di S. Felice (di Verona) al senato di Venezia, dal segretario della repubblica Sanfermo e dagli altri due plenipotenziarj Emili e Garavetta. (30 aprile 1797.) — *Verona*, 1797, in-8°. Pièce.
[8° K. **2681** (329)

(S. d.) — *Venezia, nella stamperia valvasense*, in-8°. Pièce.
[8° K. **2681** (328)

(1797.) 3ª edizione padovana, coll' aggiunta d'un articolo interessante gli affari correnti. — *Padova, a spese di Brandolese*, in-8°. Pièce.
[8° K. **2681** (330)

- **Sarpi** (Fra Paolo). — La Piramide oligarchica decaduta ad onta dell' opinione data alli Ss. inquisitori di Stato nell' anno 1615 per la di lei perpetua sussistenza dal padre fra Paolo Sarpi, ... opuscolo di gabinetto non inserito per fini politici nell' opere stampate del medesimo autore. — *(Venezia,) presso G. Zorzi*, 1797, in-8°. Pièce.
[8° K. **2681** (331)

Schietti (Candido). — Lettera del cittadino D. Candido Schietti a nome di tutti i preti del mondo cattolico, al cittadino cardinale Alessandro Mattei, arcivescovo di Ferrara. (10 maggio 1797.) — *Mantova*, 1797, in-8°. Pièce.
[8° K. **2681** (333)

(S. d.) — *(Venezia,) ristampato dal cittadino G. Zatta*, in-8°. Pièce.　[8° K. **2681** (332)

Scoffo (Giuseppe), **Pezzoli** (Luigi). — Amori democratici de i cittadini Giuseppe Scoffo e Luigi Pezzoli al cittadino Gio.-Andrea Spada. (10 luglio 1797.) — *Venezia, dalle stampe del cittadino A. Santini*, (s. d.,) in-8°. Pièce.
[8° K. **2681** (334)

Scordilli (Spiridione Palazzol). — Lettera del cittadino Scordilli agli abbitanti dell' isole del Levante. (12 giugno 1797.) — *(Venezia,) dalle stampe del cittadino I. Borghi*, (s. d.,) in-8°. Pièce.
[8° K. **2681** (335)
(Le titre de départ, page 3, porte : *Spiridione Palazzol Scordilli, cittadino di Corfu ai diletti cittadini suoi fratelli abbitanti le isole bagnate dal mar Jonio.*)

Sensi giocondi e affettuosi di un cittadino alla sua patria nel dì dell' erezione dell' albero di libertà. — *(S. l.,)* (s. d.,) in-8°. Pièce. [8° K. **2681** (336)
(Venise.)

Sentimento patriotico del cittadino L. D. M. a comune difesa. — *Venezia, dal cittadino P. Sola*, anno I della libertà italiana, in-8°. Pièce.
[8° K. **2681** (337)

Sertor (Abbé Gaetano). — Il Conclave del 1774, dramma giocoso per musica. — *Venezia*, 1797, in-12.
[8° K. **2681** (71)
(Par l'abbé Gaetano Sertor, d'après Melzi.)

Sérurier. — Liberté, égalité. Le général de division commandant les troupes françaises à Venise en vertu des ordres du général en chef Bonaparte,... (Signé : Sérurier. [15 brumaire an VI.]) — *(S. l.,)* in-fol. plano plié in-4°.

[4° K. **506** (39)

(Ordre d'expulsion pris contre les étrangers habitant Venise. — Italien-français.)

Sogno (Il) della Libertà con il Leon. — *(Venezia,) dalle stampe del cittadino F. Andreola*, (1797,) in-8°. Pièce.

[8° K. **2681** (338)

Son del tuo sangue istesso, benche sia natural , ossiano i Dritti naturali, discorso a giusti democratici. — *Venezia, (dal cittadino I. Borghi,)* 1797, in-8°. Pièce. [8° K. **2681** (339)

Sordina. — Il Comitato di salute pubblica alla municipalità provvisoria di Venezia, Sordina rapportatore. (5 agosto 1797.) — *(S. l.,) ristampata dalli fratelli Casali*, (s. d.,) in-16. Pièce.

[8° K. **2681** (340)

(Projet de décret contre les officiers et fonctionnaires publics en Dalmatie qui ont refusé de prêter serment de fidélité à la nation.)

Sorpresa d'un cittadino e le di lui riflessioni sopra la medesima. — *(S. l.,) dalle stampe del cittadino I. Borghi*, (s. d.,) in-8°. Pièce. [8° K. **2681** (342)

Sorpresa di un gastaldo di Terra-Ferma nel suo arrivo in Venezia, lettera scritta ad un suo amico. — *(S. l.,)* (1797,) in-8°. Pièce. [8° K. **2681** (341)

Sovrano (Il) divenuto suddito, discorso di un buon cittadino al popolo veneto. — *(S. l.,)* 1797, in-8°. Pièce.

[8° K. **2681** (343)

Sozzi (Latino). — Influenza dei lumi sulla libertà, discorso pronunciato dal cittadino Latino Sozzi nella Società patriotica. — *(S. l.,) nella stamperia Palese*, 1797, in-8°. Pièce.

[8° K. **2681** (344)

Sozzi (Latino). — Riflessioni libere alla municipalità provisoria di Venezia, del cittadino Latino Sozzi. — *Venezia, nella stamperia Valvasense*, 1797, in-8°. Pièce. [8° K. **2681** (345)

Sozzi (Latino). — Risposta alla lettera ingenua di un osservatore imparziale, scritta sopra uno scoglio della veneta laguna, ec., del cittadino Latino Sozzi. — *(Venezia,) dalle stampe del cittadino G. Zatta*, (s. d.,) in-8°. Pièce.

[8° K. **2681** (346)

Spada (Gio.-Andrea). — Rapporto del cittadino Gio.-Andrea Spada al comitato di salute pubblica in esecuzione al decreto della municipalità provvisoria di Venezia, 3 complementario (19 settembre 1797 v. s.), in proposito delle ferme sale di quà del Mincio. (4 vendemmiatore anno I della libertà italiana.) — *Venezia, appresso M. Fenzo*, 1797, in-8°. [8° K. **2681** (347)

Suddito (Il) divenuto sovrano, al popolo veneto un cittadino amoroso della sua patria.— *(S. l.,)* 1797, in-8°. Pièce. [8° K. **2681** (348)

Suggerimenti di un cittadino sopra mezzi di far affluire dinaro nell'errario, presentati alla municipalità di Venezia li primi di giugno 1797. — *(Venezia,) dalle stampe del cittadino P. Sola*, anno I della libertà italiana, in-12. Pièce. [8° K. **2681** (349)

Sul Destino della novella repubblica cisalpina, famosa profezia d'Abacucco. — *(Venezia,) dalle stampe del cittadino G. Zatta*, (s. d.,) in-8°. Pièce.

[8° K. **2681** (350)

Sulla Grandezza della repubblica veneta e sulle cause principali della sua caduta, memoria di X. Z. — *Lipsia*, 1797, in-8°. Pièce. [8° K. **2681** (351)

Summario di tutte le utilità che percipivano dirette e indirette li ex-provveditori generali delle isole del Levante, del cittadino M. B. — *Venezia, dalle stampe del cittadino Cordella*, 1797, in-8°. Pièce. [8° K. **2681** (352)

Tableau del tribunale degli inquisitori di Stato, del cittadino E. M. N. — *(S. l.,)* (s. d.,) in-8°. Pièce.

[8° K. **2681** (353)

Tagliaferro (Giuseppe). — Piano del monte di pietà di Venezia. (Signé : Giuseppe Tagliaferro.) — *Venezia, stampata dalli cittadini Casali*, 1797, in-8°. Pièce. [8° K. **2681** (272)

Tansa sopra il commercio e navigazione approvata con decreto della municipalità provvisoria veneziana li 15 giugno 1797 v. s. — *(Venezia,) ristampata dal cittadino G. Zatta*, (s. d.,) in-8°. [8° K. **2681** (354)

Teixeira (Domenico). — Sull' Errore in materia di religione, lettera dell' ab. Comenido Reaixtei, Bastense, accademico eccitato. — *Venezia, per gli eredi Costantini*, 1797, in-8°. Pièce.
[8° K. **2681** (355)

(Comenido Reaixtei est l'anagramme de Domenico Teixeira. — Le titre de départ, page 3, porte : *Al cittadino Stellio avvocato Ulassopulo di Corfù, lettera sull' errore nella vera credenza.*)

Tentori (Abbé Critoforo). — Discorso storico, pronunziato nel di primo settembre dell' anno 1797. — *(S. l.,) (s. d.,)* in-8°.
[8° K. **2681** (356)

(Le titre de départ, page 3, porte : *Discorso storico al popolo di Venezia del cittadino Pandolfo Malatesta di Rimino.* — D'après Melzi, Pandolfo Malatesta est le pseudonyme de l'abbé Cristoforo Tentori.)

Teulié. — Libertà, eguaglianza. In nome della repubblica francese una ed indivisibile. Padova, li 10 fiorile anno V repubblicano. Teulié, ajutante generale della legione lombarda, commandante le truppe francesi a Padova... — *(S. l.,) (s. d.,)* in-fol. plano plié in-4°.
[4° K. **506** (40)

(Ordre portant organisation de la municipalité de Padoue.)

Tiberino (Publicola). — Discorso storico-politico sul quesito progettato dall' amministrazione generale della Lombardia : Quale dei governi liberi meglio convenga alla felicità dell' Italia? di Publicola Tiberino. — *(Venezia,) presso G.-A. Curti*, 1797, in-8°.
[8° K. **2681** (357)

Togianni (Marino). — Pensamento del cittadino Marino Togianni intorno alle tariffe, in specie delle carni. — *Venezia*, 31 maggio 1797, in-8°. Pièce.
[8° K. **2681** (359)

Tornieri (Lorenzo). — Novella tratta dal vero, del cittadino Lorenzo Tornieri. — *(S. l.,)* 1797, in-8°. Pièce.
[8° K. **2681** (360)

Traduzione del trattato di pace, che preceduto dalla lettera del gen. Bonaparte al direttorio, fu pubblicato ne' fogli di Parigi. Trattato di pace definitivo concluso trà la repubblica francese e l'imperatore e re d'Ungheria e di Boemia. (Campo Formio, 17 ottobre 1797.) — *(S. l.,) (s. d.,)* in-8°. Pièce.
[8° K. **2681** (361)

Traité de paix entre le pape et la république française. (19 février 1797.) — *Roma, nella stamperia della rev. cam. apost.*, 1797, in-8°. Pièce.
[8° K. **2681** (363)

(Français-italien. — Précédé de la notification de la secrétairerie d'Etat, signé : I cardinal Busca, en date du 24 février 1797.)

Traité de paix entre S. M. impériale, royale, apostolique, et la république française, fait à Campo Formio, près d'Udine, le 17 octobre 1797. — *Vienne*, (s. d.,) in-4°. Pièce.
[4° K. **506** (41)

Trame degli oligarchi veneti, o Rapporto sulle carte trovate in Carsina li 20 germinale anno V repubblicano. — *(Venezia,) del cittadino G.-A. Curti*, (1797,) in-8°. Pièce. [8° K. **2681** (362)

Tutti la doveria lezer, ossia Istruzione che con chiarezza spiega i vantaggj del novo governo, del libero cittadino C. M. O. — *Venezia, stampata dalli cittadini fratelli Casali*, 1797, in-8°. Pièce.
[8° K. **2681** (364)

Ultima Risposta data alla lettera dell' ex-patrizio, scritta alla municipalità. — *(Venezia,) dalle stampe del cittadino G. Zatta*, (1797,) in-8°. Pièce.
[8° K. **2681** (365)

Ultimo (L') Ritornato dall' America, dialogo di Tizio con Sempronio, tenuto in Venezia al caffè di Simonetti in calle del Ridotto a San Moisè, il giorno 5 giugno 1797. (Signé : P. G.) — *(Venezia,) dalle stampe del cittadino P. Sola*, anno I della libertà italiana, in-8°. Pièce.
[8° K. **2681** (366)

Un Cittadino libero. — *(Venezia,) ristampato dal cittadino G. Zatta*, (s. d.,) in-8°. Pièce.
[8° K. **2681** (367)

Un Error madornale e comune a' tempi presenti, lettera d'un cittadino ad un amico religioso. — *(S. l.,) presso gli eredi Costantini*, (s. d.,) in-8°. Pièce.
[8° K. **2681** (368)

Utile (L') universale, risultato dall' unione di tutte le republiche dell' Italia. In lingua veneziana. — *(Venezia,) presso G. Zorzi*, (1797,) in-8°. Pièce.
[8° K. **2681** (369)

Venezia strionvirata, poemetto. — *(Venezia,) dalle stampe del citadino G. Zatta*, (1797,) in-8°. Pièce.
[8° K. **2681** (371)

Venier (Francesco). — Ai Cittadini ex-patrizi, memoria del cittadino ex-patrizio Francesco Venier,... — *(Venezia,) dalle stampe del cittadino G.-A. Perlini,* 3 giugno 1797, in-8°. Pièce.
[8° K. **2681** (372)

Verità (La) al popolo di Venezia. — *(S. l.,)* (s. d.,) in-fol. plano plié in-4°.
[4° K. **506** (42)

Verità inopponibili. (Maggio 1797.) — *Padova, per li fratelli Penada, stampatori della municipalità,* 1797, in-8°. Pièce.
[8° K. **2681** (373)
(Le titre de départ, page 5, porte : *Libertà, eguaglianza. Un cittadino libero al popolo di Padova.*)

Verità (La), quadro storico, critico, morale, espresso in dialogo dalle due dee Eleuteria e Dulea, scritto dal cittadino G. Z. — *Venezia, dalle stampe del cittadino G.-A. Curti,* (1797,) in-8°. Pièce.
[8° K. **2681** (374)

Verità resa nota alli fratelli Contarini qu. Carlo ed al pubblico. (17 giugno 1797.) — *(Venezia,) dalle stampe del cittadino I. Borghi,* (s. d.,) in-8°. Pièce.
[8° K. **2681** (375)

Verità (La) svelata dell' anno 1797. — *Cosmopoli,* (s. d.,) in-12. Pièce.
[8° K. **2681** (376)

Villotti (Giuseppe). — Piano di educazione, del cittadino sacerdote Giuseppe Villotti, sull' eccitamento del comitato d'istruzion pubblica. — *Venezia, A. Martini,* 1797, in-8°. Pièce.
[8° K. **2681** (377)

Visconti (Filippo). — La Pastorale dell' arcivescovo di Milano (Filippo Visconti) al popolo. Con in fine sonetti. — *In Vicenza, da B. Paroni,* 1797, in-8°. Pièce.
2 exemplaires. [8° K. **2681** (260 et 261)

Viva la Democrazia! viva il governo popolare! viva Venezia! discorso del libero veneto cittadino A. B. — *(S. l.,)* (s. d.,) in-8°. Pièce. [8° K. **2681** (378)

Voce (La) del popolo convertito. — *Venezia, stampata dalli cittadini fratelli Casali,* 1797, in-8°. Pièce.
[8° K. **2681** (379)

Volpe (La) senza odorato, fiaba del cittadino D. L. F. — *Venezia, (dalli cittadini fratelli Casali,)* 1797, in-8°. Pièce.
[8° K. **2681** (380)

Voti all' arbor sacro alla libertà. — *(S. l.,)* (s. d.,) in-8°. Pièce.
[8° K. **2681** (381)

Zalivani (Antonio). — Cattechismo cattolico-democratico alla municipalità provisoria di Venezia, il cittadino Zalivani, parroco di S.-Niccolò. — *Venezia, appresso il cittadino A. Dal Fabro,* anno I della libertà italiana, in-8°. Pièce.
[8° K. **2681** (382)

Zalivani (Antonio). — Discorso tenuto dal cittadino Antonio Zalivani, parroco in S.-Niccolò, nel giorno della sua recezione nella veneta società patriotica, che fu il giorno 22 pratile, 10 giugno 1797 v. s. — *(Venezia,) presso G. Pasquali,* anno I della libertà italiana, in-8°. Pièce.
[8° K. **2681** (383)

Zoccolari (Antonio). — Osservazioni sopra le « Riflessioni sulla vittuaria del pesce », esposte dal cittadino Antonio Zoccolari. — *Venezia, presso A. Curti,* 1797, in-8°. Pièce.
[8° K. **2681** (384)

Zorzi (Marino). — Le Danze patriotiche, del cittadino Marin Zorzi. — *(S. l.,)* (s. d.,) in-8°. Pièce.
2 exemplaires. [8° K. **2681** (277 et 385)

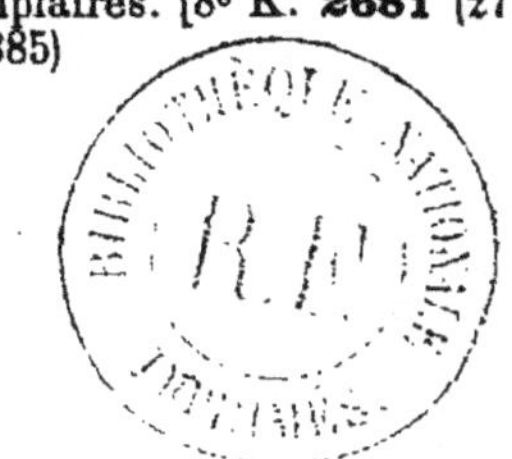